如何高效落地与执行

OKR实践手册

姚琼 / 著

中信出版集团 | 北京

图书在版编目（CIP）数据

OKR 实践手册：如何高效落地与执行 / 姚琼著 . --
北京：中信出版社，2022.5
ISBN 978-7-5217-4150-6

I. ① O… II. ①姚… III. ①企业管理－目标管理
IV. ① F272.71

中国版本图书馆 CIP 数据核字（2022）第 047587 号

OKR 实践手册——如何高效落地与执行
著者：　　姚琼
出版发行：中信出版集团股份有限公司
（北京市朝阳区惠新东街甲 4 号富盛大厦 2 座　邮编　100029）
承印者：北京诚信伟业印刷有限公司

开本：880mm×1230mm 1/32　　印张：10.25　　字数：205 千字
版次：2022 年 5 月第 1 版　　印次：2022 年 5 月第 1 次印刷
书号：ISBN 978–7–5217–4150–6
定价：68.00 元

服务热线：400–600–8099
投稿邮箱：author@citicpub.com

目 录

第三章 OKR 需要人的改变：当百胜的“胜斗士”遇上小天使

第四章 OKR 点燃“成年人”文化：雷鸟科技让挑战性目标释放能量

第五章 “只在线，不见面”：高维学堂的“三无”OKR

第六章 OKR需要本地化：天然工坊“OKR铁三角”运作体系

第七章 让想法走向现实：创业公司觅健的OKR探索之路

第八章 目标管理与绩效评估的创新探索与实践：蔚来的VAU与EI

第九章 京东：OKR 与敏捷开发、项目管理的综合应用

第十章 工具助推 OKR 落地：Tita 软件的设计思考

尾声 实践建议

推荐序一

OKR 生根发芽，需要合适的土壤

周全　蔚来汽车全球人力资源副总裁

一天，姚琼老师在微信上向我提出，希望蔚来汽车作为企业案例代表，为她的新书《OKR 实践手册》写一篇推荐序。

甚感荣幸，恰逢因新冠肺炎疫情封控在家且有三天假期，于是认真拜读了这本书。这本手册精心挑选了 10 家推行 OKR 的公司的真实案例，每个案例各有侧重。我在读的过程中，不自觉地结合蔚来实践去体会、理解和共情文字背后的含义，心有戚戚焉，每掩卷沉思，均感获益匪浅。这本书对于任何想学习 OKR 的读者和想推行 OKR 的企业来说，都是一本非常好的实战手册。

回想 2019 年初，蔚来核心管理层花了两天时间，共同讨论公司的年度 VAU（Vision/Action/Upgrade 的简称，指的是愿景、关键行动和升级迭代，是蔚来内部类似 OKR 的体系），那是蔚来正式启动 VAU 的标志。那年公司正处在非常艰难的时期，管理层仍然坚持做正确的事。那段时间，李斌经常说的一句话就是：所有的困难都是我们的工作任务。当时，公司上下都专注于解决问题，行动力非常强。临近年底，在现金流极度紧张的情况下，李斌仍然决定启动五年规划，要去看五年以后的事，这也间接促成了合肥投资的产生。正是因为有 Vision，有 Action，蔚来才能够走出至暗时刻。

因此，OKR 不仅是一种目标管理方法，更是一种思维模式，这种模式很适合蔚来。

首先，公司两位创始人李斌和力洪，都从内心真正认同并以身作则。蔚来是一家没有 KPI 制度的公司，两位创始人坚决反对为了完成企业 KPI 而违背用户价值的管理方法。创立之初，李斌就建立了蔚来价值体系，明确了公司的使命、愿景、价值观，而要实现“成为用户企业”的愿景，就必须把蔚来打造成价值观驱动的组织，使员工能够从内心真正认同公司的使命、愿景、价值观，通过自驱不断创造用户价值，而不是被 KPI 驱动。激发员工的自驱力正是 OKR 的精髓之一，OKR 的底层逻辑就是相信人性的美好，这也应了管理大师彼得·德鲁克的那句名言：管理就是激发人们的善意。如果一个公司的管理哲学是更愿意相信通过激发员工的“恶”，通过内卷来达成组织的目标，OKR 推行起来大概率会没有了“神”，也容易慢慢“变形”，这样的话还不如不要赶这个时髦，而去走其他的路。

其次，蔚来的业务模式也非常适合 OKR。智能电动汽车行业产业链条非常长，价值链上的各个环节又紧密联系，各部门的目标需要不断拉通和对齐。2018 年我刚加入蔚来，和各部门副总裁 1 On 1（一对一谈话）的时候，听到最多的声音就是大家都希望彼此的目标能够进一步拉通。产品的定义和设计会影响研发，研发会影响制造工艺，制造工艺会影响供应链和工厂生产线的效率，以上各环节都会影响售后服务和维修保养的效率。如果每个环节只看自己的目标，最终整个组织的效率和为用户创造的价值就会大打折扣。这对智能汽车企业来说尤为致命，不像传统互联网企业，目标发生了偏差，程序员来几个星期或者几个月的“996”，改一改代码就能调整过来。汽车企业一旦目标错了，产品定义或设计错了，要改过来需要付出的时间成本和财务成本可就大得多了。所以，李斌虽然坚持不搞 KPI，但他从 2018~2019 年度就开始强调整个公司要加强目标感，OKR 恰恰符合这种需求。

再次，OKR 也非常符合蔚来“真诚、关爱、远见、行动”的价值观。OKR 本质上是目标和过程管理工具，其中最关键的是沟通。成功推行 OKR 的企业都必须要有一套好用的沟通系统，每个人的 OKR 都必须在系统中向全员公开（当然涉及公司机密的可以通过技术手段处理），即使最高层的 OKR，也要让每位员工可见，这是谷歌等硅谷公司推行 OKR 时被大家广泛称赞的做法。很多介绍 OKR 的图书中都会提到这一点，员工会主动查看和自己有关的同事的 OKR，不明白的会主动沟通，明白了会主动做链接。但在中国的实践表明：只有开放的系统还不够，还要通过各种会议来促成各种目标的拉通和对齐、跟进和复盘。否则OKR就很可能沦为公司要求的又一项纸上任务；进一步看，有些公司也有各种目标拉通会、过程跟踪会、结果复盘会，但会议质量并不高，讨论问题和目标不够一针见血，反馈意见不够真诚，最后并没有达到“Do right things”（做正确的事）的效果，产出的OKR只是一堆工作任务清单，这样的OKR只是“伪OKR”。因此，会议上能不能给出深刻的洞见和真诚的反馈，也是OKR能否真正有效的关键因素，这些需要在OKR实施过程中不断训练和强化。

就像所有组织的管理变革一样，OKR要在一个组织内生根发芽需要合适的土壤，还要不断地浇水施肥，不断地运营。更多的干货大家可以翻阅书中10家公司的案例，相信一定会有更多的启发。

最后，十分欣赏姚琼老师“让一亿中国人学会用OKR”的OKR，仅以此篇小序聊表支持，也祝我们每个人都能找到自己人生的OKR！

推荐序二

OKR：企业管理变革的行动加速器

张庆化　Tita 科技 CEO

过去几年，Tita 作为 OKR 和绩效管理工具服务商，让我有机会接触了很多优秀的中国企业家。在跟各位企业家学习探讨企业发展之道的过程中，我能深切感受到，当下由于外部环境越来越呈现出易变性、不确定性、复杂性与模糊性，企业管理面临巨大的挑战。公司虽然会制定三年战略规划，每年都做计划与预算，也有绩效考核，可是战略目标一直无法达成，绩效考核变成了走过场和工作负担。公司的日常运营也不能聚焦优先事项，反映不了公司的战略重点。

对此，我也总结了企业寻求解决方案时的一些常见问题：

企业目标怎么才能做到透明？怎么才能让全员对齐目标？

跨部门的协作怎么才能打破部门隔阂，避免各自只看到部门利益？

外部挑战那么大，企业业务增长缓慢，如何寻求突破？

员工的稳定性变得不好，怎么才能改革管理，稳定员工同时激发员工的创新热情？

……

聚焦目标、打破部门墙、增强协同、激发创新力等管理难题，促使企业家们加速寻找“新的”管理方法。此时，OKR 作为一种“既成熟又新颖，既简单又神秘”的管理方法进入了中国企业家的视野。O 是目标，KR 是关键结果。目标用来描述你要去哪里，关键结果用来衡量你是否已经到达了目的地。这个超级简单的管理公式让很多企业家为之着迷，他们听到了很多借助 OKR 快速崛起的商业传奇，其中最著名的就是谷歌公司。

OKR 给企业管理者带来了新希望，通过设置有挑战性的目标，激发员工的斗志。全员的目标对齐，让企业目标上下对齐，左右拉通，打破部门隔阂，增强协同。相信越来越多的企业管理者会意识到 OKR 在企业管理中的价值与意义。

2020 年新冠肺炎疫情的暴发，让企业家选择用 OKR 进行企业管理变革的行动加速。疫情让很多中国企业倒下了，同时也让很多能适应变化的企业快速成长起来。企业的生存危机变得更紧迫，因此很多企业家不再畏首畏尾，开始大胆尝试和引入 OKR，期望将这种已被证明卓有成效的目标管理方法落地到自己的企业。

过去的三年，中国有很多企业已经走向 OKR 实战。姚琼老师作为最早一批在中国推广 OKR 的实践者之一，被媒体誉为“中国 OKR 第一人”。她较早在中国介绍 OKR，并作为 OKR 教练亲自参与了很多优秀企业的 OKR 变革过程，确定了一系列标准。在这本书里，姚琼老师总结了不同领域的中国企业在 OKR 实践中取得的鲜活经验，用真实的企业探索案例向读者展现 OKR 对于企业管理的价值。

基于长期帮助企业实施 OKR 的大量实践，姚琼老师为读者带来了不同领域企业对 OKR 的最佳实践方法。通过强化 OKR 在制定与实施过程中的员工参与、周例会过程控制、每月或季中的审视、季度或年度的战略审核与 OKR 的优化调整，结合 CFR（对话、反馈与认可）系统，战略管理真正变成了敏捷迭代的持续过程。这让企业管理者真正去探索企业的发展之道，真正以客户为中心，也让所有员工聚焦客户价值，专注核心能力的打造，从而实现跨部门的自发整合与团队协作，实现突破性增长。

OKR 与企业文化如何“触电共振”？OKR 如何挑战激活员工的创造力？OKR 如何转变人的思维方式？企业如何通过 OKR 各种会议改善企业管理？OKR 与绩效如何共存？OKR 工具如何助力企业落地 OKR？……我在中国企业的实践过程中看到了 OKR 带来的突破性改变，也学到了很多可借鉴的成功经验。

Tita科技愿意与更多中国企业一起，探索出更多OKR实践的本土经验，将优秀的实践标准植入工具之中，让更多企业受益于OKR，实现十倍速增长！

唯有行动可破焦虑！期待你早日加入OKR的实践变革！

自序

2020 年的一天，在深圳机场等网约车的时候，我在想如何实现自己的“让一亿中国人学会用 OKR（Objectives and Key Results，目标与关键成果法），让每个人成为更加优秀的自己”这个伟大目标。这是人生的事业大目标（O），当然需要非常具有挑战性的关键结果（KR）去支撑。通过图书分享是一个很好的办法。我想起我的偶像——管理大师彼得·德鲁克（Peter F. Drucker），他一辈子都在研究企业管理，一生写了 40 多本书，为后人留下了宝贵的遗产。这时候一个 KR 突然闪现在我的脑海里。我也要多写书，多分享，至少每年写一本，写到 80 岁，记录自己的培训咨询收获。

我已经写了《OKR 使用手册》，提供了很多 OKR 使用工具和模板给大家，也写了《每个人的 OKR》，鼓励大家在人生的各个方面都使用 OKR 设定挑战目标。那么下一本应该写什么呢？

我想起每次上课分享，同学们一定会提出，想听听其他公司的案例，听听它们成功推动 OKR 的经验，以及还有哪些需要避开的坑。这些内容书本上没有，而我天天都可以看到、感受到。我想，如果写一本中国企业 OKR 实施的案例书，一定会受到大家的欢迎。

其实我写客户实施 OKR 的案例，还是隔靴搔痒。我想到了一个偷懒的办法，让客户写。结果发现效果也不好。最后我找到了一个好办法，我和工作室小伙伴，对每家案例企业进行参观和访谈，根据访谈录音和企业提供的资料与企业共同撰写案例。从一个简单的想法到最后作品面世，花了两年多时间。

从我在国内推广 OKR 的第一天起，我分享的就是谷歌经验，因为 OKR 来自英特尔，来自硅谷。但是随着时间的推移，我发现国内很多优秀企业在运用 OKR 的过程中，有很多的创新，融合了自己公司的文化与管理特点，这些经验非常宝贵，比谷歌离我们更近，更值得我们学习与借鉴。这些优秀公司也敞开怀抱，欢迎大家学习经验。例如字节跳动，作为中国最早一家使用 OKR 的公司，它通过自己的探索为中国企业使用 OKR 摸索出非常好的方法和工具。它的双月 OKR，比起谷歌的季度 OKR 提高了敏捷性；它的飞书 OKR 软件，不仅为 OKR 的透明与对齐提供了保证，还增加了社交功能，使得 OKR 管理更加符合年轻一代的自驱文化。我也经常带领企业学习团去字节跳动参访学习。百度公司也是一家乐于分享自己经验的公司，创始人李彦宏在公开接受采访时，毫不吝啬地分享自己的年度战略 OKR。百度使用 OKR 的时间不长，但是从全员使用 OKR 可以看出李彦宏提升组织能力的决心和勇气。正是因为这些优秀的互联网公司对 OKR 不断地拥抱、探索和分享，国内越来越多的企业才有信心尝试这一新目标工具和新工作方法。

本书正是这些勇敢的 OKR 探索者和追随者的实践分享。

如果你想了解 OKR 实施的全流程与步骤，你可以参考旭辉案例，尤其他们的会议系统是 OKR 迭代的抓手；如果你想知道文化与 OKR 的关系，你一定要阅读爱奇艺案例，因为他们把“简单想、简单做”文化与 OKR 同频共振；OKR 的推动落地需要一个强有力的角色，你可以在百胜软件案例中找到那个角色—— OKR 小天使；OKR 最重要的一大特征是具有挑战性，雷鸟科技案例会告诉你他们如何让挑战性目标释放能量；远程管理因为疫情突然来到我们身边，但是对于高维学堂这样的创业公司，只在线、不见面的“三无”OKR 居然是其管理日常；OKR 的成功落地，离不开优质的运营模式，天然工坊的本地化“OKR 铁三角”运作体系同样值得我们学习；OKR 是敏捷战略的最佳解码方式，它可打通战略与执行，创业公司觅健提供了 OKR 与战略的探索之路；而大家最纠结的 OKR 不考核又如何激励的问题，可以完美地在蔚来汽车案例中找到答案；OKR 不是万能的，京东案例告诉我们它如何和项目管理、敏捷开发结合。最后，如果你需要了解 OKR 软件系统的设计思路，看看 Tita（OKR 和持续绩效管理平台）案例吧！

本书的好处是每一个章节都是一个独立的案例，侧重 OKR 落地实践的不同维度。你对哪个章节感兴趣，你最近遇到哪些困惑，都可以直接跳到那个章节学习，不影响整本书的阅读。

如果你们公司推动 OKR 有了困惑，请告诉我；如果 OKR 实践有了好的成果，也请告诉我。姚琼工作室和我愿意陪伴每一家 OKR 实践企业前行。

引言

目标管理对于任何组织而言，如何强调都不过分。组织存在的理由，就是为了实现所期待的目标。基于目标，组织才会有员工和管理者、分工与架构、管理与文化、考核与激励，这些都是为了解决“如何更好地完成目标”这个根本问题。所以，我们今天讨论 OKR 实践，不能仅仅停留在工具这个层面，而应从系统化、场景化的视角去反思。

从工具的层面看，OKR 并不是一个全新的方法与工具，它是由英特尔的创始人安迪·格鲁夫（Andy Grove）于 1971 年创设的。安迪·格鲁夫是管理大师彼得·德鲁克的忠实粉丝，他将德鲁克的目标管理思想转化为英特尔可实践的管理工具。“风投之王”约翰·杜尔（John Doerr）将其在英特尔学习和应用的这种目标管理方法介绍给了他投资的企业谷歌。在 2015 年以前，OKR 还仅仅在极小范围内被知晓和使用。它们或者是因为安迪·格鲁夫的影响，或者伴随着谷歌的发展而传播，比如国内最早使用 OKR 的公司豌豆荚。随着《OKR 工作法》《OKR：源于英特尔和谷歌的目标管理利器》等 OKR 专业图书的出版，OKR 开始风靡全球，姚琼工作室也积极参与 OKR 在中国的传播，先后出版了《OKR 使用手册》与《每个人的 OKR》两本专业书。

虽然谷歌使用 OKR 已经有 20 年，但全球很多企业都还处在学习和尝试阶段。谷歌的实践虽然提供了一套原则和经验，但我们并不是谷歌，我们有自己业务和组织的特殊性，甚至还受到过往目标管理方式和组织文化的影响。OKR 是一个开源的系统，这就意味着我们有不同的解读方式。每个组织的 OKR 既有一致的底层逻辑与假设，也会有自身特别的思考与呈现。

作为中国专注 OKR 研究、传播与培训咨询服务的机构，为了能更好地服务客户，我们工作室进行了专项调查研究，同时结合国际专业 OKR 服务机构的调研结果（OKR 专业软件提供商 Koan 与 OKR 咨询公司 TBG 发布的《2020 年度 OKR 报告》，OKR 软件提供商 WorkBoard 发布的《全球企业 OKR 实践报告》）与我们辅导咨询的观察，对 OKR 实践有以下关键发现。

谁在使用 OKR？

究竟有哪些公司在使用 OKR？这是我们在选择的时候第一

个会考虑的问题。别人的选择会为我们的判断提供参考。

在国际上，一些行业知名企业甚至《财富》世界500强公司正在使用OKR：Adobe（软件公司）、亚马逊、Anheuser-Busch（啤酒）、CareerBuilder（招聘网站）、戴尔、Deloitte（咨询）、Dropbox（云储存）、脸书、Fiserv（金融服务）、Flipboard（社交媒体）、GAP（服装）、通用电气、ISO Energy（能源）、Kelly Services（人力资源服务）、LG、领英、Lumeris（互联网医疗）、网飞、Oracle（软件）、松下、Rackspace（云计算）、三星、西门子、Spotify（音乐播放平台）、推特、优步、Viacom（传媒）、Zynga（游戏）……

在中国，我们工作室辅导过的如下企业也在使用OKR：百度、阿里巴巴、腾讯、京东、字节跳动、网易、中国电信、中国联通、平安银行、华润集团、万科、绿城、旭辉、金茂、伊利、美的、TCL、蔚来汽车、上海通用等。

虽然OKR源自并盛行于高科技/互联网行业，但绝非“仅适合高科技/互联网行业”。从全球实践和中国实践中我们发现，OKR从高科技/互联网企业、创业企业，开始向传统行业、中大型组织蔓延。根据全球OKR使用相关调研结论，采用OKR的中大型组织越来越多，其中51%的组织规模在100~2000人之间，12%的受访者在超过2000人的组织中工作，62%的受访者来自成立10年以上的企业，这可能与老牌企业发现旧的管理方式不再有效有关，所以它们更需要改变，以提升组织的创新能力。

这些实践又进一步证明了约翰·杜尔的结论：OKR 就像瑞士军刀，在任何环境中都相当有效，是一种放之四海而皆准的方法体系。作为德鲁克目标管理思想精髓的展现，OKR 具有以下特征：

1. 目标周期相对较短，能更敏捷地应对外部的变化；
2. 目标形式结构化，上下沟通更加全面；
3. 目标要求公开透明、上下对齐、左右拉通，更好地提升团队协作力与执行力；
4. 目标选择要求聚焦，从而更有效地进行资源和精力集中；
5. 目标需要达成共识，员工更有安全感。

这些特征，互联网企业、创业企业需要，难道其他组织不需要吗？如果仅从适用性上讲，它适合所有组织。但这并不意味着我们一定要放弃或者变革原有方法，可能还要考虑其他因素，比如组织现在的管理方式、组织规模等。

为什么使用 OKR？

《2020 年度 OKR 报告》中的调研结果显示：使用 OKR 最主要的理由是“与愿景和战略对齐”，选择这一选项的比例高达

90%。并列居于第二位的是“加强与使命的联结”和“强化对增长的关注”，这个比例是53%。“提高员工敬业度”居于第四位，这一选项在员工人数超过250人的企业中更为普遍。

同时，根据《全球企业OKR实践报告》，23.4%的受访者表示其组织已采用OKR进行战略管理，实现了公开透明、上下对齐的目标。此外，还有33%的组织正准备从原有战略管理框架切换到OKR。越来越多的企业打算使用OKR，以让组织战略更加富有弹性。

这种结论也在对中国企业的调查中得到佐证。有82%的组织选择OKR是为了“战略落地/执行”，74%的组织是为了“改善部门协作”。对于组织来说，战略落地与对齐至关重要。虽然OKR在刚传播的时候被视作绩效管理工具，但在使用过程中组织越来越发现它对战略管理与执行有重要意义，把它视作战略管理工具比绩效管理工具更符合其定位。所以，在中国，导入OKR的往往是组织的高管，而非人力资源部门。调研发现，53%的组织导入OKR都是由董事长/CEO（首席执行官）完成的，在某种程度上，OKR导入属于“一把手工程”。

对于小型创业企业，OKR可以让组织明确发展方向，保持战略定位，避免受机会主义的影响而左右摇摆。对于中大型组织，随着内部复杂性的增加，员工与组织的疏离风险也会增加，这不可避免地成为“与愿景和战略对齐”的威胁。如果员工与公司的愿景和战略保持一致，他们就可以明确自己究竟能贡献什么，就会有强烈的使命感，会感到工作的意义并更具主动性。

如何使用 OKR？

组织使用 OKR 后，并未完全放弃 KPI（关键绩效指标），78% 的组织继续保留 KPI。这在很大程度上是由于“OKR 不与考核直接挂钩”。组织在使用之初，重心还是放在“如何做好目标或过程管理”，这是正确的。关于如何考核，OKR 并没有为企业提供直接的操作指引。如果直接照搬谷歌现在使用的 360 度评估方式，会与我们习惯的“线性关联”考核逻辑相冲突，所以传统基于考核的目标管理方式如 KPI 会继续保留。但我们发现，在 OKR 实施一段时间之后，有些企业开始考虑调整考核方式，来应对多个目标管理系统所造成的管理负担。

这与我们的另一个调研结果比较匹配。71% 的企业将 OKR 作为绩效考核的参考，仅有 4% 的企业将 OKR 分数与考核直接挂钩。《2020 年度 OKR 报告》中的调查也发现，在 OKR 结果应用上，55% 的受访者表示他们没有使用 OKR 来评估个人表现，这一比例高于 2019 年的 30%。只有 10% 的受访者表示，他们将 OKR 与薪酬奖金挂钩。这表明人们对 OKR 有了越来越多的认识。将 OKR 与奖惩联系起来可能会扼杀创新。相反，要观察一个人是如何对 OKR 做出贡献的，而不应仅仅看他获得了什么分数。

一般企业都会选择以季度为周期设置 OKR，仅有 14% 的企业选择的周期超过一个季度。一些企业选择更短的周期（月度、双月），或者更为灵活的节奏。比较令人意外的是，选择灵活节奏的大多是非互联网企业，这可能与其原有的目标管理周期有关。同时，组织在选择周期的时候，基本与它的财政年度一致。我们发现这是使用 OKR 的最佳方式，如果不将 OKR 周期与财政年度相结合，就会导致对需要实现什么以及何时实现的混淆，还会显著增加工作量或产生重复工作量。

86% 的企业对 OKR 数量有要求，一般都不会超过 5 个。但 5 个是不是足够好？我们发现有的企业开始从 5 个进一步缩减至 3 个或更少。因为它们发现，OKR 的数量越多，越有可能造成失焦，所需的对齐量也就越大。这将花费大量的时间，并可能限制许多组织期望的 OKR 提供给它们的敏捷性。如果运行 OKR 所需的努力大于其提供的价值，那么人们将很快选择退出，OKR 将失去动力。经验告诉我们，从少量的 OKR 开始并取得成功，培养信心，增长知识和技能，从长远来看会带来更好的结果。

那么组织在设置 OKR 的时候，究竟是针对改进事项还是日常事务？我们在《2020 年度 OKR 报告》中发现一个有趣的结论：企业的规模并不是决定 OKR 是否被用于监控日常事务的主要原因。大多数受访者表示，他们在 OKR 中不涉及日常事务，仅有 20% 的企业会有日常事务的 OKR。这一点说明，“OKR 要富有挑战性”这一规则已深入人心。但伴随着 OKR 深入基层员工，这一规则可能会受到挑战。尤其对于传统组织中那些业务流程比较明确的岗位，这一点更加明显，因为日常标准化工作已经占据了岗位员工的大多数时间。在全球 OKR 调研中发现，越来越多的组织发现并不是每个人都应该有自己的 OKR，90% 的受访者在团队中使用了 OKR，但仅有 37% 的受访者将 OKR 部署到员工层面。值得再次强调的是，团队 OKR 比个人 OKR 对企业的好处更大。它能让团队所有成员聚焦，让员工将个人责任与组织融合起来，在团队中建立强大的联结纽带。

OKR 提升了沟通的频率，在 OKR 过程管理中，大多数企业采取频繁沟通的方式跟踪 OKR，58% 的企业至少一个月沟通一次，季度跟踪的仅占 11%。79% 的企业会进行 OKR 复盘，但仅有 33% 的企业复盘相对深入。OKR 复盘会与共识会一样重要，是下一期“迭代”的前提。56% 的企业采取专门会议的形式跟踪 OKR，仅有 26% 的企业没有明确的沟通方式。在跟踪的时候，标准化（会议和文档）可以提高效率，可以更好地养成习惯。但是，我们同样发现，跟踪并没有完全集成到现有的管理机制中，这就会造成未来可能不持续，会让员工感觉到“麻烦”。

OKR 到底该如何评分，不同企业有不同的实践：定性判断、定量计算、权重加总，或者干脆不进行评分。尽管企业没有统一的思路，但大多数评分采取了上级复核的方式。这与我们对“评分”的传统理解相关。组织在设定 OKR 评分规则的时候，首先要考虑一个问题——为什么要评分（评分如何应用）？评分的应用不同，相应的规则也应该不同。

96% 的受访者选择 OKR 公开透明，仅有 4% 是保密的。公开透明的方式有多种，54% 的企业无系统，33% 的企业采取定制系统，13% 的企业选择外部成熟系统，后者目前增长较快。运用软件系统实现公开透明已经被视为 OKR 运行的基本规则。

组织在导入 OKR 时，大多采用试点方式进行。从全球调研中发现，组织如何推出其 OKR 是很有趣的，在一次性导入和分阶段导入之间有明显的区别。在分阶段导入的组织中，70% 的组织规模超过 100 人。在一次性导入的组织中，这一比例下降到不到 42%。而在中国，所有少于 100 人的组织采取的都是一次性导入的方式。

外部专家培训赋能是导入 OKR 的主要方式，大概占 56%。尤其是大型企业，大多选择外部赋能。但在试点阶段，一些企业会选择自学 / 自主探索方式。尤其是 1~50 人或 2000~5000 人规模的企业，选择自学 / 自主探索方式的比例最大。有趣的是，在全球调研中发现，当被问及如果再经历一次这一过程会有什么不同的做法时，1/3 的组织表示会寻求外部专家的支持。

在使用 OKR 的过程中，仅有 25% 的企业设立内部 OKR 教练，大部分企业仅采取政策或培训的方式予以指引。在 OKR 实施过程中，HR（人力资源）应该发挥多种作用，有效地与“成为业务合作伙伴”结合起来。在导入过程中，可以在内部招募“OKR 大使”，设立“OKR 教练”（也可使用外部教练），这样可以使 OKR 导入更顺利。

使用 OKR 后的收益

OKR 实施后，企业对其价值收获的认同度究竟如何？

我们将企业实施 OKR 的价值收获，从目标清晰、目标聚焦、战略落地 / 执行、沟通效果、执行力、部门协作、管理能力、文化传承、创新与改善、员工敬业度、业务提升、绩效管理公正性等方面进行调研，结果显示，企业对 OKR 带来的价值收获，在目标清晰、目标聚焦、战略落地 / 执行、沟通效果、执行力等五个方面认同度最高（见图 0–1）。

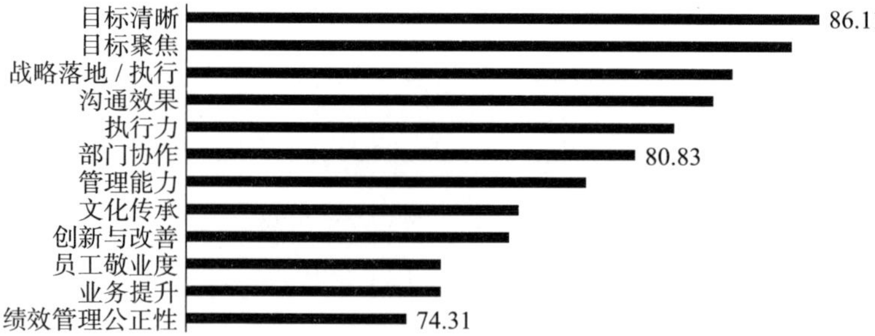

图 0–1　OKR 实施的价值收获（认同度）

从整体上看，所有调研的项目都得到了改善。实施 OKR 后，获得收获最大的是“目标清晰”，其“非常同意”的比例达到 40%，这也与我们倡导的 OKR 的核心价值匹配（见图 0–2）。

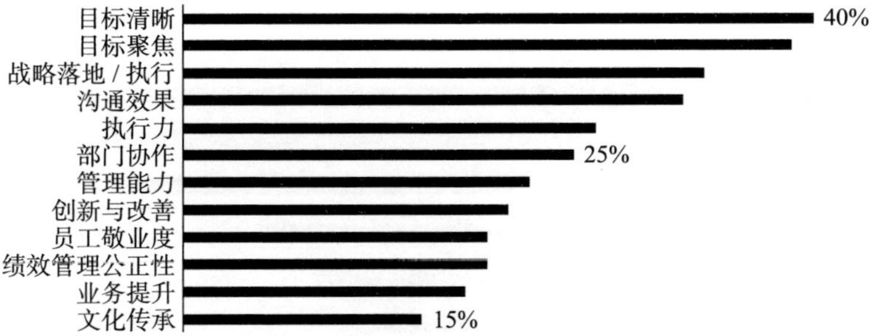

图 0–2　OKR 实施的价值收获（“非常同意”比例）

企业实施 OKR 的接受度调研，我们从 OKR 的挑战性、融入日常业务、管理层接受并认同、营造支持文化、实施中有改善 / 创新策略、撰写符合规范、员工接受并认同几个方面展开。从总体接受度上看，“挑战性”的接受度最高，“撰写符合规范”及“员工接受并认同”的接受度最低（见图 0–3）。

图 0–3　OKR 实施的接受度

但从“非常同意”的比例来看，1/4 的企业非常同意撰写符合规范，仅有 1/8 的企业非常同意 OKR 实施中有改善 / 创新策略（见图 0–4）。这两者之间呈现偏差。这种偏差可能是由于大家的期望值不同。

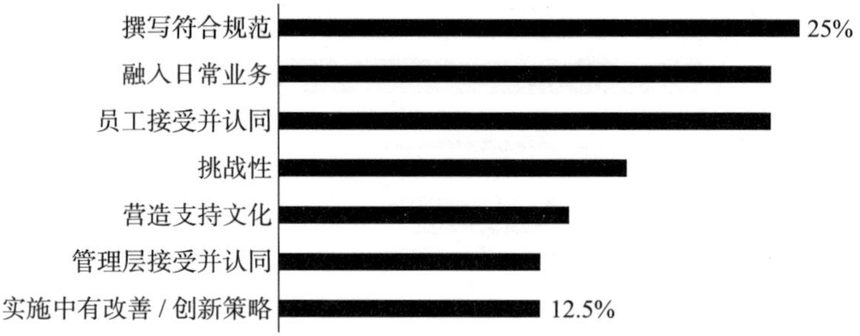

图 0–4　OKR 实施的接受度（“非常同意”比例）

从全球调研中我们会看到其他的不同点：经过反思，受访者会有什么不同的做法？他们提到了寻求外部支持的好处，最受欢迎的回应是，企业会寻求更多的培训，特别是关于如何使用 OKR 和如何编写的培训，因为这比预期的更具挑战性。在 OKR 关键技能的掌握上，有相当比例的受访者表示，他们花了长达 6 个月的时间才创造出关注效果的结果。这与 2019 年的数据相比有缩短。对大多数人来说，这种时间的缩短可以归因于 OKR 最佳实践的更广泛的知识库。

此外，报告还指出，有必要增加高管的投入程度。这与 2019 年一致，OKR 失败的主要原因之一是缺乏来自高管的承诺。如果没有高管的支持，它们被永久采用的可能性就会显著降低。

OKR 实施的优先级

《2020 年度 OKR 报告》中专门设计了一个问题：如果从头再来，他们会做什么不同的事情？要求受访者将七种不同行动按优先级排序。结果是：

1. 清晰的愿景和战略
2. OKR 对齐
3. 建立跟踪流程
4. 系统化
5. 变革管理
6. 提升管理技能
7. 将它们集成到绩效管理中

与 2019 年相比，“清晰的愿景和战略”仍然排名第一。这应该是一个灯塔，尤其是对第一次使用 OKR 的组织。

看到“OKR 对齐”上升到第二位，有 90% 的人表示“对齐”是他们采用 OKR 的主要原因。鉴于今年在远程团队和分布式工作中看到的快速增长，“对齐”变得越来越具有挑战性，也比以往任何时候都更加重要。组织不能再依赖人们仅仅在工作中获取信息，因此需要把更多的精力投入优先事项中。

“建立跟踪流程”从第 4 位上升到第 3 位，OKR 的生死存亡取决于支持它们的习惯。习惯是不容易养成的。OKR 最好与现有的惯例相结合，而不是增加新的。“将它们集成到绩效管理中”仍然排在最后。

如何面对实施的挑战

知名的 OKR 软件提供商 WorkBoard 在《全球企业 OKR 实践报告》中，基于组织在实现 OKR 过程中遇到的挑战与解决方式，得出了以下结论。

一、整合得越深，成功的感觉就越明显

许多组织将 OKR 实施只放在顶层，这样可能无法完全发挥 OKR 的作用。组织在决定导入 OKR 之后，需要决定 OKR 实施的范围。许多人担心，范围太广会导致变革难度太大，会阻碍 OKR 成功实施。出于多种原因，许多组织选择在组织的管理层开始使用 OKR。最重要和可以理解的是，在全面导入 OKR 之

前，组织觉得有必要评估 OKR 管理的有效性和适用性。我们发现，这种做法有助于 OKR 实践。从管理层开始，确保领导者获得必要的机会来体验该方法的好处，才能使他们更深入地支持 OKR。

调研发现，如果选择三个层级以上，OKR 落地成功的概率就要高得多。这可以更好地让组织体会对齐和透明的价值。管理层通过透明能建立目标的一致性，这样可以让他们更好地带领他们的部门和团队朝着统一的目标前进。如果没有 OKR，这些部门本身就缺乏对战略的清晰理解，并且仍然不确定他们的行动将如何对组织产生影响。当所有关键人员（主要是执行工作的团队成员）参与进来时，随着整个组织实现清晰和透明，价值和收益就会更容易显现。

二、沟通与培训至关重要

与任何方法一样，没有一种解决方案适合所有人——这也适用于 OKR。OKR 是一种为富有野心、富有梦想的组织设计的方法，旨在推动增长、提高组织的敏捷性与弹性。实施 OKR 背后的动机应该清楚地表达出来，并围绕着这些关键点展开。一个清晰的沟通策略必须清楚地表达实施 OKR 的意图以及现有策略和管理方法的问题。OKR 实施不成功与沟通不畅以及对企业当前面临的问题缺乏了解有关。此外，关于 OKR 的培训不足也会影响成功。

以下组织往往不太容易成功：

- 很少关注 OKR 的质量
- 缺乏 OKR 管理与落地的方法
- 未能建立适当的跨职能协同

建立有意义的 OKR 是一项具有挑战性的任务，它不仅能促进整个组织透明度提升，而且能促进组织实现真正的协同。没有一个目标适用于两个组织，同样，关键结果需要为特定的目标单独创建。目标的价值在于它对组织和未来战略的意义。关键结果的价值在于它对实现特定目标的贡献。缺乏对这些方面的关注将不利于 OKR 的成功。

三、缺乏实施支持会导致失败

OKR 导入是一场变革，需要：

1. 招募内部变革推动者，让变革坚持下去。
2. 考虑专家建议以避免常见的错误。

3. 投资专门的工具来支持 OKR 实践。

变革推动者（也可称 OKR 教练）是 OKR 管理持久和成功的关键。研究表明，组织内变革推动者的数量越多，越有可能实施成功。根据经验，我们建议在参与 OKR 的所有员工中至少有 5% 成为变革推动者。当然，这并不是说其他员工就不应该接受培训。项目计划应确保现有员工和未来的员工都接受 OKR 方面的基础培训。

变革推动者是本团队和其他团队的联络者，以支持 OKR 管理与实践的相关问题，并具有强大的能力来指导团队实现高质量的 OKR。OKR 导入或扩展时，使用外部帮助的组织实施成功的可能性更高。此外，一个关键因素是将 OKR 深入组织的工作方式中。因此，专门的工具和平台是成功实施 OKR 的关键，因为它们消除了日常管理 OKR 的复杂性，让组织专注于真正重要的事情。

四、将透明度转化为一致性，将数据转化为行动

透明度和一致性是利用 OKR 在组织内部创造的两个主要好处。将透明度转化为一致性的挑战，没有单一的解决方案。此外，组织需要克服单纯自上而下地创建 OKR 的想法，充分调动群体

的智慧，团队根据高层的野心和对团队能力的深入了解来创建自己的目标。这样，不仅可以上下对齐，还能跨职能对齐。

OKR 管理不能解决组织的数据治理和管理问题，但是它通常会发现某些部门和业务领域缺乏透明度的问题。透明度的缺乏不仅会阻碍对 OKR 的跟踪，更重要的是，通常会使公司的绩效管理变得复杂。在设定 OKR 时，考虑到哪些是可以测量的至关重要。如果数据不可得，其原因要么是关键结果寻找有问题，要么是组织缺失一些关键数据。在观察数据时，需要了解其准确性和及时性。OKR 迭代节奏一般是一个季度，但需要每周或至少每月进行更新。如果团队无法在上述时间内收集有意义的数据，就很难建立有意义的监督。专用的 OKR 管理平台可在许多关键结果更新上实现完全自动化。这样可以让我们根据数据及时洞察，并迭代我们的行为。

五、密切跟踪绩效，及时做出反应

员工参与并真正接受 OKR 对 OKR 成功非常重要。研究表明，定期更新、跟踪、复盘对成功来说是必不可少的。太多的组织设置了 OKR，但只在季度结束时查看它们的 OKR，看自己的表现如何。这种做法是不可取的，因为它阻止了组织根据季度取得的进展采取行动和重新调整。每周检查并回顾关键结果，是成功实施 OKR 的必要条件。

通过上面的介绍，我们对 OKR 在全球及国内的实践现状有了总体认知，它能为我们后续的实践提供一个通用的参考。接下来，我们选取了工作室辅导过的一些国内企业，对其 OKR 的实践进行具体介绍，期望能对具体使用提供一些个性化借鉴。

第一章

会议是 OKR 迭代的抓手：旭辉集团 OKR 导入全流程实战

我们为什么要使用 OKR？

——旭辉集团董事局主席林中致总部员工的一封信

地产行业开始进入管理红利时代，旭辉的规模也越来越大，如何激活组织和个人、激发员工的内驱力、让员工获得快速成长并找到工作乐趣和成就感，是我一直在思索的问题。旭辉向数字化转型的战略，也会使总部伙伴的工作面临越来越多的不确定性，我们需要激发更多的内部创新、跨专业协同和自我挑战。

在这种背景下，我决定从三季度起，在总部管理团队和伙伴中推广使用 OKR 绩效使能管理工具。我希望通过 OKR 的使用，让总部每个伙伴的目标和公司目标协同承接，让每个伙伴知道自己的贡献在哪里，聚焦重点、提升工作的方向感，上下左右对齐、促进团队的协同；弱化传统绩效管理面向过去的"裁判"职能，强化面向未来的"教练"职能，使伙伴更好地发挥价值和获取成长；打破组织层级的束缚，改变被动等待任务分配的传统管理模式，提倡自下而上的目标制定方式，从要我做到我要做；形成坦诚、透明、平等的组织氛围，弱化层级感、强化信任感、鼓励自由表达。

……

希望通过大家的努力，撬动管理变革和组织氛围转变，塑造一个适应数字化时代的新旭辉！

旭辉向管理要红利

旭辉集团2000年成立于上海，其控股股东旭辉控股（集团）2012年在香港主板整体上市，是一家以房地产开发、商业运营和物业服务为主营业务，定位于“美好生活服务商、城市综合运营商”的综合性大型企业集团，曾连续四年获选“中国最佳雇主”。目前集团业务遍布国内外的90多座城市，累计开发项目超600个，服务逾50万户业主。2020年合约销售规模突破2300亿元，跻身《福布斯》全球企业2000强，列第766位，并位居中国房地产开发企业500强榜单第13位。同时，旭辉集团积极参与城市发展与运营，旗下业务范围涵盖商业运营、城市综合运营服务、长租公寓、幼小初高教育、养老、住宅产业化等。

近年来，随着市场环境与政策的变化，受供需关系、人口结构、政策等因素影响，房地产行业土地红利逐渐消耗殆尽，从粗放式发展时代进入管理红利时代。

同样，伴随着旭辉集团规模的不断扩大、员工数量的增长，旭辉需要更加重视激活组织和个人。同时，旭辉向数字化转型的战略，使得员工的工作面临越来越多的不确定性。为更好地应对行业变革带来的挑战，解决企业内部目标共识、跨专业协同和激发员工潜力的问题，旭辉本着以人为本的理念，引入 OKR 作为内部组织管理能力提升和文化转型的解决方案。

导入 OKR 是旭辉公司领导者深思熟虑的结果。但究竟能不能很好地落地，能不能被管理层接受，是摆在大家眼前的问题。毕竟，房地产企业不是科技互联网公司，并没有成功实施 OKR 的经验可参考。人力资源部门进行了许多前期思考，包括：

1. 什么样的行业、企业适合使用 OKR 作为管理工具？
2. 地产行业适不适合使用 OKR？这方面有没有成功的实践？
3. 企业通常是出于什么考虑，想解决什么问题，才想使用 OKR？ OKR 的哪些做法有助于解决这些问题？
4. OKR 和绩效管理的关键差异是什么？ OKR 如何和绩效管理结合使用？

5. OKR 推进过程中最大的挑战和困难是什么？哪些因素会导致推广失败？
6. 建议 OKR 在什么范围试点？以什么样的节奏推广？
7. OKR 管理流程是什么？需要安排哪些会议来推动？
8. OKR 的制定逻辑是自上而下还是自下而上？
9. OKR 的落地是否需要通过系统？这是不是一个关键要素？

为了让管理层形成共识，人力资源部门还组织了读书会，通过读书分享的形式来达成共识。读书会会议议程如下：

会议议程（2 小时 30 分钟）：

1. 总裁致辞：我们为什么在总部管理团队和员工中使用 OKR？
2. 参会人依次分享对 OKR 的理解，中心负责人及以上人员 5 分钟，部门负责人 3 分钟，可从以下话题中选择：
   1）你认为 OKR 是什么？使用 OKR 能解决哪些问题？
   2）是不是支持使用 OKR？为什么？
   3）OKR 使用过程中最大的挑战和困难是什么？
   4）你怎么看待 OKR 和绩效管理的差异？
   5）你对 OKR 有什么困惑？

3. 董事长针对发言中的偏差理解、困惑进行反馈，并进行总结发言。

旭辉导入 OKR 的“四步法”

OKR 在互联网行业、初创企业有广泛的应用，但在传统行业的集团化公司如何落地并发挥效果，面临行业特点、管理模式、文化适配性、员工成熟度、系统支持等一系列挑战。为了应对以上挑战，旭辉采取了“四步法”——工具落地、体系建立、战略链接、文化转型。

第一步：工具落地

从 OKR 推广顺序上，旭辉采取了自上而下的策略，先僵化、后优化、再固化。2020 年第二季度起在集团人力资源部先行试点，下半年开始在集团总部全员推广，2021 年上半年推广至地产板块各区域公司管理团队，预计在 2021 年下半年推广到公司全员。

旭辉的 OKR 落地选择从意愿、能力、系统和会议四个方面突破。

首先，要解决意愿问题，减轻员工对新管理工具的“疑惑和戒心”。通过邀请外部专家交流和答疑、全员赠书学习、组织读书分享会等形式，让员工对 OKR 的价值、思考方式和管理要求等有一定程度的理解。在此基础上，要求各组织单元一把手以身作则，带头使用 OKR，并在组织内部营造与 OKR 相匹配的组织氛围——敏捷高效、公开透明、坦诚清晰、鼓励自驱。

其次，员工（尤其是管理层）需要具备 OKR 的实践能力。为了赋能员工，旭辉组织了 OKR 线上课程的学习和考试，邀请姚琼老师为管理团队提供 OKR 辅导，并通过视频直播的形式对全员进行了案例培训。同时，人力资源部通过试点探索，总结 OKR 实践过程中可能遇到的挑战和问题，形成问答手册，为总部全员推广做好前期准备。

再次，OKR 是一个强调“透明和对齐”的管理工具，需要通过信息化系统来承载。试点过程中发现，通过线下 Excel（电子表格）文件填写 OKR，很容易变成员工的“附加作业”，每个人都专注于维护自己的部分，业务内容和进度无法及时关联和通知他人，同时对他人的目标和进展也不了解。因此，2020 年 7 月旭辉上线了“飞书 OKR”平台作为支持 OKR 落地的在线工具，并对 OKR 的在线使用方法提出了具体要求，例如，在线下充分沟通的前提下通过 @ 功能提醒同事、对齐上级或协作者、定期更新进展和进度记录、通过评论功能促进协同等，让员工在一开始就感受到目标可视化和线上即时互动带来的变化，从而更支持 OKR 的推广实施。

最后，OKR 的落地需要坚持跟进，通过共识会、洋葱会（回顾会）和复盘会这一会议体系形成闭环管理。企业的成功 20% 靠的是战略，80% 靠的是执行，坚持跟进 OKR 就是坚持在正确的道路上不断使战略落地。要把会议作为节点倒逼员工使用 OKR 进行目标和策略思考，改变传统绩效管理的“考核驱动”模式。“沟通驱动”是 OKR 落地的核心要素。

第二步：体系建立

OKR 如果作为一个单独的管理工具，最大的可能就是昙花一现，在尝试之后逐渐被遗忘。OKR 要为组织创造长期价值，必须和企业现有的管理体系充分融合。

1. 将 OKR 会议融入现有会议体系

通过出台管理办法明确每个周期 OKR 线上制定的时间要求，固定 OKR 会议机制，让 OKR 会议成为组织中重要的管理交圈会议。此外，各部门的日常管理例会也逐步采用 OKR 方法和工具召开，在各部门内及时同步工作进展。

2. 优化员工绩效考核体系，关注价值贡献

针对使用 OKR 的人群，旭辉优化了原有的员工绩效体系，

取消了每个周期初的绩效计划制订，从基于目标达成率或任务完成率的考核模式，转变为基于价值贡献的考核模式，鼓励为组织、为跨职能团队协作做出贡献，实现自我突破，而不仅是达成目标或完成任务；同时为避免考核时出现一言堂，要求上级管理者和了解员工实际工作情况的团队骨干成员进行小组评议，对员工的绩效考核结果达成共识。

3. 将 OKR 和人才发展体系打通

旭辉是一家非常关注人才的企业，制定并回顾 IDP（个人发展计划）是旭辉长期坚持的一项工作。旭辉将 OKR 和 IDP 合二为一，用一个工具实现两个目标，既支撑组织目标的达成，也支撑个人的成长。同时因为 OKR 的公开透明和过程持续沟通属性，员工本人和上级都不容易再遗忘个人发展目标。

对于管理者来说，OKR 成为推动领导力转型的抓手，OKR 的使用要求管理者从传统的指令型领导风格，向愿景型、民主型、辅导型领导风格转变，能够为员工指明长远的目标和方向，而非单向发出大量指示，要求员工直接服从；相信员工有能力为自己和组织设立正确的目标，对满意的表现给予鼓励，尽量减少负面反馈；为员工提供即时、持续的辅导和反馈，促进员工长期职业发展。

4. 通过荣誉激励树立标杆

虽然 OKR 强调“脱钩绩效”，不和奖金挂钩，但旭辉通过每季度评选的“OKR 大使奖”“OKR 优秀团队奖”等以荣誉为主的奖项设置，以点带面，增强了员工对 OKR 的理解，并涌现出一批使用 OKR 方法设定挑战性目标、上下左右充分对齐，通过跨部门协作为组织创造价值的员工和团队。

第三步：战略链接

在 OKR 作为目标管理工具落地、OKR 管理体系初步建立后，旭辉进一步使用 OKR 方法来实现敏捷的战略管理。基于 3 年战略规划和年度战略解码，从集团到各区域公司均使用 OKR 制定了 2021 年度目标，年度 OKR 和季度 OKR 目标共同构成了战略落地体系，通过 OKR 会议机制持续回顾、复盘、迭代修正，敏捷应对外部环境和竞争形势的变化，聚焦战略突破点，敏捷调整策略和资源配置，并利用 OKR 公开透明、双向沟通的特点，避免信息扭曲，让战略目标更快速、准确地传递，让“飘在云端”的战略和企业的日常经营管理充分结合。

对于旭辉秉承的“六高”组织和人才战略——高目标、高认同、高活力、高供应、高绩效、高激励，OKR 方法也起到了支撑作用。

OKR 强调的自驱、挑战和高目标一脉相承，这种高目标不是自上而下强压的，而是员工为了组织和个人的共同发展主动追求的。唯有高目标，才能吸引和凝聚行业内有追求的精英，因为在这个过程中他们更有可能实现自己的职业发展和跨越。

高活力，即避免官僚主义，对内高效协作、对外快速响应市场变化，能够自我学习和进化，释放每一个员工的才能，提升各层组织的活力。这正是旭辉引进 OKR 的初心。

通过 OKR 的思考方法锻炼，能够培养员工结构化的目标和策略思考能力，还能帮助管理者实现领导力转型，促进人才的“高供应”，不断提升内部人才成长的比例，实现源源不断的人才输送。

第四步：文化转型

OKR 落地对于旭辉来说不仅仅是一种管理转型，还是文化转型。董事局主席林中对 OKR 价值的核心定义是“管理文化的颠覆”，总裁林峰认为“OKR 是一个不断挑战自我、挑战极限的文化内核的外在体现”。

旭辉在落地 OKR 的过程中，着力将 OKR 的特点和旭辉的核心价值观相匹配，努力通过 OKR 促进企业文化价值观在管理工作中更加显性化、行为化（见图 1-1）。

核心价值观	以客户为中心	专业匠心	简单化职业化	艰苦创业奋斗共享	成果导向	爱拼才会赢
OKR 特点	敏捷迭代关注效果	独立思考持续创新	公开透明促进协作	不设边界推动进步	重点聚焦进度追踪	自我驱动挑战极限

图 1-1　旭辉核心价值观是如何与 OKR 特点相匹配的

会议是迭代优化 OKR 的最佳复合工具

会议是传达公司经营理念并使公司目标协调一致、传达决策者信念、集思广益共同解决问题与应对危机、寻求创意突破经营盲点、检讨改进缺失、达成告知功能的复合型工具。

OKR 的日常管理可以通过定期会议的方式进行。会议可以提高员工重视度，让员工形成良好的工作习惯，形成开放坦率、有建设性的沟通氛围。OKR 会议通常表现为以下几种形式：共识会、洋葱会、复盘会。

共识会：一般在季度初召开。可以是全员参加，也可以只有管理层参加。会议的流程为：由 CEO 描述愿景和战略，然后众人在这个基础上分组讨论，或分别阐述确定出 OKR。

洋葱会：定期检查，必要时做出调整。它是一周或一月一次的迭代会议。洋葱会需要实时更新 KR 进度，讨论当前遇到的问题、出现问题的原因，需要的支持，下一步的计划。

复盘会：是整个实施周期的结尾，一般在季度末或下季度初召开。主要内容是由 OKR 的每个负责人阐述回顾整个过程，包括目标整体完成情况、为完成目标采取的行动、遇到了什么问题、最终的结果、经验和教训、下一步的建议，以及给自己的打分。

旭辉集团在推广 OKR 的过程中，牢牢把握住会议的作用，采用多种会议（读书分享会、培训会、共识会、复盘会、回顾会、奖励会）导入并迭代 OKR。

OKR 会议是 OKR 推广小组了解 OKR 进展的关键渠道，一方面可以深入了解 OKR 的推行效果，为出现的问题和困难及时提供建议和解决方案，通过教练辅导保障 OKR 制定的有效性和 OKR 会议的效果；另一方面，在旁听与会议互动的过程中收集更多不同场景的需求，并通过及时反馈不断优化用户体验。

例如：在共识会上发现 OKR 的对齐不足、横向沟通互动少的问题，在下次共识会上就可以提前预留 10 分钟，通过要求所有参会人员现场默读并在线点评其他参会人员 OKR 的方式，促进对齐沟通，并要求会议正式开始后陈述人对他人的点评进行反馈。

在回顾会上发现部分参会人把 OKR 回顾当作工作汇报，面面俱到，在下次回顾会上就可以强调陈述人必须聚焦重点，仅陈述关键风险点和协同需求，并严格控制发言时间。

在复盘会上发现参会人希望更多地展现“亮点”，自评偏乐观，在下次复盘会上就可以要求复盘重点是反思不足或改进机会点，为下一阶段的 OKR 提供输入，同时如果与上级对齐的目标自评分有偏差，需要说明偏差原因。

OKR 推广小组通过准确记录和跟进所有会议协同需求，能够发现部门之间的协同需求是否为闭环，如果答案为否，就可以在下一次会议上要求协同者对协同进展进行现场反馈，保障会议的延续性，营造互相协同的氛围。

通过集团高管和各部门的 OKR 会议实践，组织和每个员工的目标、实现目标的策略得到不断的澄清和对齐。过程中，每个参会人员都在持续应用和重复学习理解 OKR 方法，保持开放的学习心态，实现自我学习和成长。

OKR 的四大正向效果

为了尽快验证 OKR 的初步效果，在总部全员实施 OKR 一个季度后，旭辉 OKR 推广小组就进行了阶段性调研评估，员工对 OKR 实施效果表达了高度认同：

93% 的员工认为“我的工作重点更清楚”；

92% 的员工认为“我对组织的目标更清楚”；

90% 的员工认为“目标更富于挑战”；

88% 的员工认为“公司营造了支持 OKR 实施的组织文化（如坦诚、透明、平等）”；

87% 的员工认为“OKR 会议上，大家能够坦诚沟通”“我的工作更专注和聚焦”“我更愿意支持和协助他人完成目标”；

86% 的员工认为“我的责任和贡献更清晰”；

……

众多员工正向的开放式反馈，可以总结为 OKR 的四大效果。

一、目标清晰，促进对齐，方向统一

设计的伙伴说“以前的认知更多集中在自己部门范围内，对成本、客研的认知不全面，使用 OKR 后整个产品管理的核心目标更加明确，OKR 是一个非常好的工具”；运营的伙伴说“目标感更强，思考逻辑有变化，以前是聚焦自己的业务，但可能和组织目标脱节，用了 OKR 后，会关注组织的目标”。很多同事反馈他们也会去看总裁和高管的 OKR，去了解他们关注什么、做什么，这在以前根本就是不可能的事。

二、帮助思考，激发责任感

一名同事在案例访谈时的一句话给笔者留下了深刻印象：“在 OKR 的鼓舞下，我开始主动思考，不再是工作机器。”OKR 也成了更便捷的互相学习的平台，另外两名同事分别谈道：“我可以通过 OKR 研究别人好的工作方法，以更全面地思考我自己的工作如何更有效地开展。”“过去比较多的是自上而下地定目标，现在更多的是自下而上，能激发个人的责任感，更主动地去思考和洞察项目困难点。”员工的积极性和责任心，正同成就感一起被不断激活。

三、激发挑战和主动性，促进成长

“真正理解 OKR 的同事都不担心 OKR 目标设定得太高会影响自己的绩效，对于我们来说，更大胆地去挑战反而能促使我们有更多创新和探索的可能。”一名员工说。当创新、突破、自我挑战成为一种习惯，变成一种文化基因时，就会有越来越多的员工敢于给自己设定更具挑战性的目标，从而对个人的成长、对组织目标的达成都形成良性循环。

“透明工厂”就是旭辉集团使用 OKR 方法跨职能推动完成的挑战性项目之一，截至 2020 年，旭辉已有 40 座“透明工厂”项目在全国落地，销售转化率和客户满意度均得到明显提升。

图 1-2　让房子变“透明”的五大维度

四、促进了解和沟通，灵活调整，有效分工

首先，使用OKR后，项目/团队合作分歧和争论变少了，在O（目标）上达成共识更容易，员工协同合作的积极性越来越高。其次，OKR的灵活度较高，方便了组织及时调整目标和策略。此外，OKR会议还加强了部门内部成员间的横向沟通交流，进一步明确各自工作内容。

因为目标够重要、聚焦、清晰，加上完善的会议机制，过程跟进和辅导、集体学习变得更“轻”、更容易。

面对转型的挑战，旭辉敏锐地把握住了管理的核心，以人为本，信任并尊重员工，注重激发员工的内驱力。借助OKR落地目标管理，旭辉帮助全公司认清前进的方向并一步步取得成功，切切实实在落地过程中激发员工思考集团的长期目标和愿景，避免陷入短期主义和指标主义，为组织的未来发展赋能。

构筑美好生活，从一砖一瓦开始。虽然旭辉OKR的实践时间尚短，但团队已在悄悄发生改变。在迈出OKR的第一步后，旭辉未来还将通过OKR的不断深入实践，让组织更加扁平、敏捷并充满活力，让人与人之间的连接更加紧密，不断实现新的突破，达成美好愿景。

姚琼工作室的建议

会议是 OKR 落地的关键抓手

谷歌创始人拉里·佩奇在谈论 OKR 时说，OKR 是一个管理利器，它可以让好的想法得以实现，但只有加上卓越的执行，才会创造奇迹。因此你不仅要设计一个好的 OKR，还要通过卓越的管理将其有效落地。

过去，组织的绩效管理或目标管理主要是通过“表格”的形式来进行的，比如通过下达目标、签字确认、递交报告、评分等流程来对目标进行管理，这就使目标管理变成了一项“完成表格”的工作，机械地完成“管理督促部门”交付的任务，时间长了，大家只会为了把表格填满而机械地操作，这会导致绩效管理很难真正地融入具体业务管理之中。

基于以上情况和姚琼工作室多年实践咨询的总结，我们提出了 OKR“三会”方法，即 OKR 共识会、OKR 洋葱会和 OKR 复盘会（见图 1–3）。引导组织通过团队沟通（也就是会议）的方式，实现 OKR 有效落地。

图 1–3 OKR“三会”方法

以“会议”为抓手，一方面，有助于实现大家对目标的重视感，包括目标的制定、跟进、评估与反思，通过“时间”与“对话”来强化深入思考。另一方面，通过仪式化、格式化，让其集成到现有的会议体系之中，在经营管理中常态化。只有这样，OKR 才不会变成“一阵风”“一张表”。

共识会的核心是“对齐”

在共识会中，OKR 责任者通过自述，向组织介绍其业务思考逻辑，既表达了其“为什么要定这个 O”，是承接上级还是自驱思考，同时也阐述了实现的路径及要追求的效果。通过自述，来阐述其一个阶段的业务思考和业务打法。然后，同事 / 上级反馈，可以清晰明了地在目标实施前就形成真正的“对齐拉通”，既为后续协作打下坚实基础，也可以避免由于不一致而产生的资源浪费。但是，在共识会上，“信心指数”这个工具在实践中运用得并不好。信心指数是一个非常有效的沟通抓手，既能帮助上下级更深入地讨论目标实施中的“挑战”，也能给管理者在精力 / 资源分配方面提供参考。比如，信心指数偏低，我们要讨论难点在哪儿，有没有更好的方法来解决难点，这可能是未来需要关注的重点。

洋葱会的核心是“向前看”

OKR 在过程中跟进，根据节奏的长短，有三种形式：日站会、周会和月会。日站会确保任务执行，周会确保任务有效，月会调整策略和资源（见表 1-1）。

表 1-1　日站会、周会和月会各自的目的、参考时间和适用范围

会议形式	目的	参考时间	适用范围
日站会	强化员工执行力	15 分钟	执行力要求强或业务节奏快的团队可选
周会	更新进度，强化员工责任感	45 分钟	一线团队必须召开
月会	评估风险，确保目标实现	90 分钟	所有层级必须召开

在洋葱会中，关键要聚焦“目标”和“未来”。这与传统管理不同，过去在管理沟通中，我们常用的是“为什么没有完成”，这样必然会导致我们寻找原因与理由，从而避免责任。而在洋葱会中，我们更希望看到的是“如何做才能完成”，让大家的视角回到目标达成上，寻找达成的方法并进行尝试。所以在洋葱会中，有三个非常核心的问题。

1. 我的目标是什么？
2. 我离目标有多远？
3. 未来该如何做才能实现目标？

复盘会的核心是“学习”

OKR 不是一个考核工具，我们不应该将过多的精力投入到“如何客观地评分”上，更应该做的是“未来我们如何变得更好”。它不应该是一个责任追究的会议，而是一个团队集体学习的会议。OKR 非常美妙的一点是，它为复盘提供了一个框架，它的“过程与结果”融合的结构，让我们复盘更有逻辑（见图 1–4）。

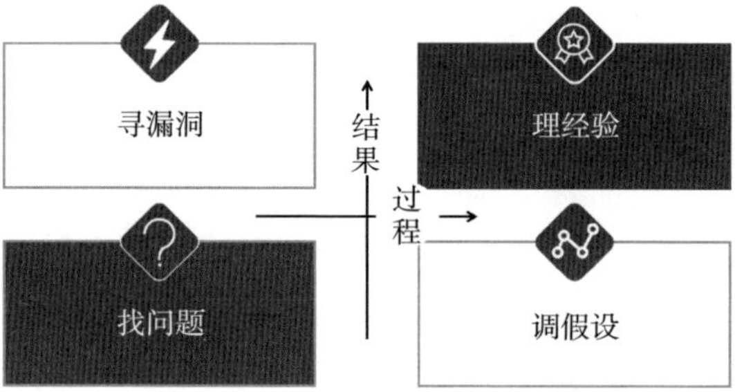

图 1–4　OKR 复盘框架示意图

复盘中，我们需要坚持“坦诚开放，聚焦未来”的原则。坦诚开放，意味着我们要在复盘中找主观原因，要通过“如果重来一遍，我们会如何做”来切入思考，让大家未来工作变得更加有效。聚焦未来，意味着我们将把未来的工作启示纳入下阶段 OKR 中。OKR 是一种敏捷的目标管理，敏捷体现在哪里？就是迭代，通过上个周期的 OKR 复盘，来制定下个阶段的 OKR，将学习到的成果转化成下个阶段的行动。

当然，会议仅仅是形式，并不一定要恪守一个流程。在实践中，我们可以根据管理落地的实际，有意识地强化某个环节，甚至重新设计流程。比如，在刚开始实施 OKR 的时候，我们可以以"下级 OKR"为主，从而强化责任。但过一段时间我们的责任跟踪习惯形成后，可以转向"团队 OKR"，让大家聚焦到整个团队上。

第二章

OKR 本质上是一种思维方式：爱奇艺让 OKR 与文化“共振”

爱奇艺HR负责人说："我们刚开始推行OKR的时候，也有很多问题和困惑，比如OKR与KPI的关系究竟是什么，要不要写周报、月报等等。随着OKR实践的深入，有一些新的认识和思路的转变。随着对OKR了解的不断加深，慢慢明白了必须从业务和文化上去推行OKR，而不是单纯从理论要求入手，这样太僵化，不合适。"

这是我们在与爱奇艺HR聊他们如何实践OKR的时候，他们告诉我的让我印象最深的一段话。没有纠结在工具、方法、流程上，而是直接上升到难以阐述但又容易理解的"企业文化"上。

OKR 与爱奇艺文化非常契合

爱奇艺成立于 2010 年，是国内领先的网络视频平台。2018 年 3 月 29 日，爱奇艺于纳斯达克上市，在 2019 年 6 月更成为国内首个付费用户破亿的网络视频平台。目前，爱奇艺已成功构建了包含短视频、游戏、移动直播、动漫画、小说、电影票、IP 潮品、线下娱乐等业务在内，连接人与服务的娱乐内容生态，引领视频网站商业模式的多元化发展。

2019 年初，爱奇艺 CEO 和其他高管对 OKR 进行观察和思考后发现，OKR 这种思维方式更好、更清晰，倡导挑战不可能、聚焦、协同对齐、敏捷迭代等，跟爱奇艺所在行业特点、企业文化都非常契合。他们发现在公司很多优秀团队身上，充分体现着创新、创业和协同精神，这也是 OKR 的核心竞争力所在。随着公司的发展壮大，爱奇艺也遇到一些管理问题，比如员工对部门业务方向和目标了解不及时，在协作中目标信息不透明等。基于以上考虑，从 2019 年第二季度开始，公司先在个别业务线试点 OKR，然后逐步向各业务线推行实施。

目标管理在组织的管理体系中占据着重要地位。组织中的所有人和事都围绕着目标前进，这种前进方式，受到目标管理思想和方式的影响。当组织选择 OKR 后，组织的行事方式会发生变化，如果组织已有的或倡导的行事方式与 OKR 理念一致，那么实施 OKR 所面临的变化或冲突就会少很多。

“简单想、简单做”是爱奇艺文化的核心，倡导以最简单的方式去处理可能出现的复杂问题，其内涵与 OKR 核心理念非常契合，主要体现在三个方面。

第一，在人与人的关系上，快乐、阳光，充满正能量。不胡思乱想，不猜疑，没有不必要的顾虑，同事之间相互信任。有了问题，直接找当事人沟通，不拐弯抹角，不臆断。

> OKR 理念：坦诚沟通，在参与团队目标研讨时，员工可以大胆地提出想法，在辩论中找到方向、坚定方向，产生更多完成目标的可能性。先事后人，把工作放在第一位，把人情世故放在第二位，可以坦诚沟通，简单直接地把“不一致”暴露出来，从一开始就能保持对齐协同。

第二，在业务上化繁为简、渴望创新。善于抓大放小，具有专注精神。敢于扔掉固有的约束，勇于试错，善于快速迭代，以结果论成败。

OKR 理念：有所取舍、抓大放小，做最重要、最正确的事。OKR 的首要原则就是聚焦。当追求“胆大包天”的目标时，就必然要求我们破除现有业务认知的局限，突破原有的经验限制，在变化中发现机会，出奇制胜、创新突破。

第三，包容互励。同事之间要充分理解彼此思考和行为方式的合理性。相互尊重各自的差异，懂得欣赏他人的闪光点，与不同性格、不同思维方式和不同专业的人一起和谐快乐地工作，主动鼓励他人并相互鼓励。

OKR 理念：心态开放、有大局观，团队协作可以快速应对市场变化和挑战，实现更大目标。

同时，爱奇艺在发展过程中形成了三大核心竞争力：创新精神、创业精神、历史积累，其中创新精神、创业精神的行为要求与 OKR 的应用要求也是相呼应的（见表 2-1），这让员工接受和适应相对比较快。文化为 OKR 落地营造了很好的环境，OKR 也可以让文化工作的场景更丰富，成为文化落地的有力抓手。

表 2-1　爱奇艺企业文化与 OKR 应用要求之间的关系

<table>
<tr><th colspan="2">爱奇艺部分文化词条</th><th>OKR 应用要求</th></tr>
<tr><td colspan="2">创新精神</td><td>OKR 不是按部就班的日常工作，而是“突破、改善、创新”</td></tr>
<tr><td rowspan="4">创业精神</td><td>激情</td><td>OKR 要追求“胆大包天”的目标，不自我设限</td></tr>
<tr><td>凝聚力</td><td>OKR 要上下对齐，左右拉通，团队协作，共同努力实现目标</td></tr>
<tr><td>专业能力</td><td>OKR 要定期回顾，复盘总结，保持学习钻研，善于总结积累，乐于分享交流</td></tr>
<tr><td>执行力</td><td>OKR 要穷追不舍，在行动中不断迭代</td></tr>
</table>

爱奇艺 OKR 实施的“三段论”

从 2019 年至今，爱奇艺 OKR 的实施过程可划分为 3 个阶段：学习导入、落地融入、场景深入。

第一阶段：学习导入

导入 OKR 时，一个大家都关注的问题是：OKR 和绩效考核是什么关系？

爱奇艺的理解是，这是两个前后衔接，但又相互独立的工作流程。OKR 是目标制定、目标沟通和过程管理的工具，反映努力方向和工作重点，强调自驱，鼓励员工设置挑战性目标，做出有意义的成果，是目标管理的范畴。而绩效考核要结合客观环境、目标挑战性、员工行为等因素，对员工的工作成果及其价值做出综合评估，并不是简单用 OKR 完成率计算绩效成绩，是绩效评估的范畴。

虽然 OKR 不是绩效考核工具，但是导入 OKR 必然要求对原有绩效管理做出改变，以使其更好地融会贯通。在公司全面推行 OKR 之前，自主研发的 OKR 系统已经上线，同时将原有绩效管理系统加以改造，季度末由员工自述重点目标所取得的成果及影响、为他人的目标做出哪些贡献、日常工作有哪些突破等，并要求员工表达对文化的理解或自身践行文化的案例，让 OKR 和绩效评估既有联系，又不完全等同。

厘清了困惑，要回到工具的掌握和使用上。爱奇艺通过培训宣导来让员工会用 OKR，先赋能 HR 群体，培养 OKR 内部讲师，然后再分批次开展全员培训。在培训宣导期，重点是让员工理解 OKR 是什么、实施 OKR 的意义价值、如何制定、如何追踪等。培训解决的是基本概念的认知、基本工具和方法的掌握，但回到业务团队的实操中，还会遇到很多具体问题和困惑。

爱奇艺的 OD（组织发展）团队和 HRBP（人力资源业务合作伙伴）组成了工作小组，紧贴业务部门收集问题并进行辅导，结合爱奇艺自身的情况，综合考虑每个业务部门的特点和实际情况后给出建议。同时，持续总结、宣传一些实践做法，包括梳理Q&A（问题和答案）、拟定《OKR目标管理办法》、总结《OKR指导手册》。在这个阶段，这些参考信息对员工理解和应用OKR很有帮助。比如：

Q：OKR不强制100%达成，制定OKR的意义是什么？

A：OKR鼓励员工自我管理、自我驱动，去追求更高的目标；释放员工潜能，赢得更多机会，允许有计划地冒险和试错。OKR更关注给业务带来的价值贡献，而不是单纯以完成度衡量员工的价值贡献。

Q：我们的业务既有KPI也有OKR，二者的关系是什么？

A：二者都是目标管理工具，KPI管理下，也要思考指标实现的目的或价值（类似对O的思考）；OKR管理下，KR也包含了要实现的结果类指标，OKR倡导改进、创新和突破，会让KPI更好地达成。

第二阶段：落地融入

OKR作为国外传入的工具，自带管理思想和管理要求，与爱奇艺的文化、日常管理习惯要有一个融合的过程，同时还要考虑公司多元化的业务类型的特点和需要。OKR 不能完全照搬，要有本土化的实践。在贴近业务线支持的过程中，爱奇艺面对的挑战是：全员实施 OKR，范围大、业务领域多，不同部门对 OKR 的理解和重视程度不一样。如何让 OKR 倡导的精神内核深入人心？ OKR 系统到底要发挥什么作用？

爱奇艺主要采取了几大举措。

1. 影响关键人群：聚焦部门负责人及其下一个层级，关注 OKR 讨论制定、沟通对齐、通透传达及追踪复盘等具体动作，动态评估各部门落实情况，找到薄弱部门，影响其改变。
2. 指引具象化：细致调研 OKR 在各个岗位的应用特点，比如研发、内容运营、内容制作、销售、职能等领域，搜集问题和反馈，并提供针对性辅导。基于以上积累和发现，迭代出更务实的 OKR 培训课程、辅导材料和管理要求。
3. 优化系统：不断优化 OKR 系统，关注用户体验，随着目标信息公开、目标对齐等功能迭代，系统要在促进员工“上系统、对目标”的习惯养成上发挥作用。
4. 分享经验：访谈 OKR 应用的优秀管理者，萃取实践经验，在公司内部分享，让大家看到 OKR 的好处。

5. 强化宣推运营：用创新有趣的形式，比如相声、漫画、Rap（说唱）、游戏等，让员工深入理解 OKR 的核心精神。

第三阶段：场景深入

随着部门管理者逐渐理解熟悉 OKR，越来越多的管理者养成了在季度初带领团队讨论制定 OKR，并跟协同团队沟通对齐，季度中期以不同的节奏和方式追踪目标进展，讨论和解决问题，季度末总结回顾等 OKR 的规范动作。在爱奇艺，经常会看到这样的会议主题：部门 OKR 讨论会、OKR 跨团队对齐会、季度 OKR 总结会等。

爱奇艺还尝试将 OKR 融入其他工作场景，比如虚拟项目立项会、项目复盘会、晋升答辩会等。OKR 聚焦重点的思维、结构化表达的方式，在工作思考、问题讨论、汇报交流场景中，是很好的共同语言。例如，在日常跨部门沟通中，关于协作事项的背景信息、未来规划、目标收益、各自需求和责任分工等，用 OKR 做一个高度凝练的总结，方向和重点非常清晰，可大大节约沟通成本。也有管理者说："想和一个不太熟悉的团队沟通，最好的办法就是先晒一下 OKR。"

同时，他们还与其他工作方法融会贯通，用活 OKR。把 OKR 融入公司通用力、领导力的培训课程中，比如"项目复盘"

课程中前两个步骤是回顾目标、评估结果，可借助 O 和 KR 的框架扩展应用。比如在“绩效管理”课程中，他们倡导管理者在日常工作中及时反馈、对事不对人，而不是到季度末再给反馈，可以把 OKR 定期追踪（周 / 月）作为很好的工作沟通机会，了解目标当前进展、遇到的困难，及时给员工提供帮助和支持。

更多的融合，会让其更深入，让 OKR 成为一种习惯，而非一个“单一”的工具。

让 OKR 成为一种思维方式

引导员工转变思维方式

OKR 实质上是一种思维方式和工作习惯。从传统 KPI 管理到 OKR 管理，需要转变思维习惯。

刚开始实施 OKR，管理者和员工很难摆脱以往的思维惯性。例如，大家在制定目标的时候更习惯进行数字拆解，如：

- O：实现收入达到 XX
- KR1：A 产品达到 XX
- KR2：B 产品达到 XX
- KR3：C 产品达到 XX

观察这个 OKR，O 仅仅是 KPI 数字，目的意图并不清晰；KR 仅是数字的拆解，不知道实现路径是什么，很难指导行动。制定 OKR 不仅仅是明确结果，更需要体现目标实现路径。

在撰写 O 的时候，要思考：

- 为什么是这个目标？
- 达成目标对业务意味着什么？
- 基于当前及未来的市场变化和竞争态势，收入增长的瓶颈 / 问题在哪里？
- 计划采取哪些规模化增收的手段？

数字指标不等于目标，回答完以上的问题才把目标这件事儿说清楚了。

在撰写 KR 的时候，要求可衡量，但可衡量并不是指 KR 绝对要有数字，也不是所有的成果都能用数字来衡量，要思考这几个问题：

- 这件事情不做有什么影响吗？
- 对目标的意义 / 价值 / 影响是什么？
- 要实现哪些有价值的结果 / 效果？
- ROI（投资回报率）如何，有收益就值得去干吗？

我们可以用以下两个例子来说明：

“智能剪辑上线，针对XXX内容自动剪辑纯净版，无须编辑参与。”虽然没有数字，但很清晰地界定了对业务有价值的结果。

“本季度审核100份合同”vs“优化XX份合同模板，提高审核效率，一次性规避业务风险”，虽然都有数字指标，但前者是在衡量工作量，后者体现的是工作价值和业务推动。

OKR的制定，是员工思考过程的结果，体现了员工的思维方式。HR参与辅导业务团队讨论制定OKR，不是直接给OKR撰写原则的要求，而是通过引导性提问，促进员工思维方式的转变。

表2–2　OKR思维转变

传统工作习惯	OKR思维
先关注做什么、如何做，最后问为什么	先思考为什么做，再决定做什么、怎么做
干好岗位职责里的每件事儿	聚焦优先事项，集中精力高质量达成优先目标
期待主管给出明确的任务安排	主动思考目标及实现方法，跟主管沟通达成共识
提出具体需求，希望合作伙伴按照自己的思路给予支持	开放沟通，先分享背景/问题/挑战/目标，明确合作价值，共创解决方案
关注工作任务的完成和交付（任务导向）	朝着目标推进，取得有价值的结果（结果导向）

传统工作习惯更强调“把事情做正确”，员工的第一反应是“我要完成哪些任务？”“我要达成什么指标？”这可能会出现：所有人的任务指标都完成了，但业务并没有取得突破性进展；OKR 思维更强调要围绕目标“做正确的事情”，员工的第一反应是“我要做出哪些贡献？”促使员工主动思考，自动自驱地向上对齐，用更智慧的方式取得有价值的工作成果。

多元运营手段让 OKR 核心理念深入人心

OKR 也可以让文化工作的场景更加丰富，成为文化落地的有力抓手，二者相互促进。OKR 本身所倡导的聚焦、协同、敏捷、创新、挑战不可能、自驱等核心理念，用简单的文化语言去强化和宣导，例如“既要低头拉车，也要抬头看路”“抓住核心、有所取舍”“创新增长、包容互励”“追求胆大包天的目标”“不自我设限”等，员工更容易理解。要将 OKR 与文化工作绑定，用多元的场景、活动以及特色运营手段，让 OKR 理念和文化精神共振，逐步形成员工的共同语言和工作习惯。以下是多维度的文化活动表达：

- 请管理者发声。设立《OKR 有话说》栏目，请多条业务线不同岗位的中高层管理者分享 OKR 实践经验，在每季度初的第一周、第二周集中推出，这个时间段各团队都在讨论制定、沟通对齐 OKR，获得了很高的关注度。

- 结合热点事件。2020 年初疫情暴发期间，很多员工远程办公，工作推动和团队管理面临很大挑战，公司号召大家把“特殊时期，带领团队保持高昂战斗力”作为 O 写入季度目标，KR 也给出了具体建议，例如其中一条 KR 是：保持 always on（始终在线）的状态，在 2 小时内回复员工的邮件或热聊信息，及时提供反馈指导，哪怕当下没有决定，也让团队感到“工作在线”。由此，管理者既了解了公司的要求，也对 OKR 有了更深入的体会。
- 采用有趣的表达方式。OKR 本身的内容偏枯燥，要用更有创新性更好玩的方式让员工互动起来。爱奇艺充分挖掘公司多才多艺的宝藏员工，根据 OKR 实施不同阶段的需要和目的，推出和宣传符合年轻人兴趣且有娱乐感的创新活动，引起内部员工的广泛参与和讨论。
- 年会相声节目《我要 OKR》，主要是吐槽 OKR 实施初期员工在理解认知上的误区和笑话。
- 发起“看漫画看懂 OKR”的员工活动，通过正反行为对比让员工深入理解 OKR 核心精神。
- OKR 趣味答题游戏，将公司热点事件、爆款内容、生活故事、应用误区等转化为有场景感的 OKR 话题，吸引大量员工通关答题。

- 打造一支原创 OKR Rap MV（音乐短片），表达爱奇艺人奔向目标的 style（风格），致敬所有为目标而战的爱奇艺人，赢得公司内部及行业人士的点赞转发。歌词很直接地表达了 OKR 核心精神，歌词如下：

要学会自我担当　不怕自己摔伤
只有自己才能开窗　在黑暗里开光
迷茫时会有人陪同　考虑大局为重
项目推动 工作不被动　把 OKR 追踪

是否了解面对的用户　主意能否解了毒
是否清楚各自的业务　目的明确给个扶
是否对齐了结果进度　注意随时要同步
爱奇艺里藏龙卧着虎　努力一定不会糊

（注：观看此首 Rap, 可打开爱奇艺 App 搜索“为目标而战”或“Fight for OKR”）

OKR 实践收获

《2020 年爱奇艺年度员工满意度调研结果》显示，调研问题中与 OKR 相关的题目得分较高，且得分较上一年整体提升。通过对管理者、员工的访谈调研，总结起来，OKR 在以下几个方面发挥着重要作用。

激发员工自驱力，使其主动思考并聚焦目标

管理者主动分享更多的业务信息，通透传达目标背后的目的和意图，引导员工从更广阔的视角思考自身目标，找到最关键的突破点，明确自己的工作在哪个环节上创造价值，从而变被动接受任务为主动思考创新。

推动跨部门目标沟通对齐

部分团队在 OKR 讨论制定时，提前邀请协同伙伴一起参与，围绕大目标，充分沟通吸收彼此在专业领域的发现和想法，共创目标，选择最优实现路径，在执行中更容易保持步调一致。

借助 OKR 把战略重点转化为可行动的目标

OKR 是战略和执行的连接者，业务面对的行业竞争和市场环境变化迅速、不确定性强，战略目标和实现路径不一定百分百

清晰和稳定，这是常态，OKR要发挥转化战略、敏捷迭代的作用。特别是创新性、探索性业务，借助OKR的实施，促动业务线讨论和澄清业务策略，把目标、结果和行动关联起来，确保大方向上的一致性，既让团队有方向感，又让员工主动思考，执行中及时调整纠偏，步调一致地去应对变化。

促进团队深入思考共识目标

O和KR的撰写原则，不是条条框框的限制，本质上是促进目标思考、讨论、共识的思维框架。HR在辅导业务线时，不是强硬地按照O和KR的撰写原则去纠正写法，而是搭场子，让团队一起思考讨论重要目标和实现路径。当团队坐在一起讨论关于目标的重要问题时，他们更容易看到自上而下的目标贯通，以及自下而上的目标对齐，找到既定任务和主动创新的平衡。

X业务：让OKR成为企业的沟通语言和工作习惯

X业务一直处在行业领先地位，做出了很多引领行业发展的创新尝试。核心领导团队始终聚焦重点方向。OKR促动目标深度思考、沟通对齐、过程追踪等，已经形成会议机制和管理习惯，季度对齐会、月度总结会、周例会等关于OKR的讨论会贯穿始终。部门负责人认为O和KR的文字背后，是关于业务的逻辑思考，经常会盯几个要点，例如：OKR写不清楚，可能是业务规划没想清楚；不断强化和传达部门重要优先目标，影响团队减少O和KR数量；针对重要协同事项，要吃透业务逻辑，在关键行动层面对齐。

OKR实施几个季度下来，在团队内逐渐形成了一些通用语言，经常会听到这样的讨论：

"这件事的OKR是什么？为什么重要？要做成什么样？对用户的价值是什么？"

"O与KR在业务逻辑上的支撑关系是什么？"

"够不够挑战，如何体现突破和创新？"

"不单纯看KPI数字，搞清楚对业务的长远价值是什么。"

"不要一开始就陷入执行细节，先用OKR把这件事理清楚。"

……

这些语言牵引团队对目标思考得更深入、更系统，而不单单局限于把手头的事情做完，让员工明白做事背后的意义和原因，强化目标导向、结果导向，整个组织在沟通效率、协同效率、执行效率上都有很大提升。

OKR 追踪保持敏捷，快速应对变化

OKR 追踪的重点是“朝着目标，我们如何改进”，本身就是日常会议的核心内容，不需要增加会议。OKR 追踪也是团队保持沟通对话的常用方法，更强调敏捷而非刻板的形式化要求。要基于业务情况，找到适合的追踪节奏，例如，快速发展的业务，强调运营和数据导向，每周都要追踪目标和进展；某些支持性或偏后端的部门，难以看到立竿见影的成果，按月度追踪即可。

爱奇艺不同岗位工作性质差异很大，日常工作进度可以在业务例会、工作周报、共享文档中体现，也可以在本专业领域内的信息系统中体现，例如项目管理系统、内容管理系统等，由管理者自行决定，不强制要求员工必须在 OKR 系统记录进展，这样更符合员工日常工作习惯和进展信息回顾的需要，也更高效。

Y 业务：OKR 牵引团队追求高目标，让管理更简单

Y 业务市场份额在行业中位居第一，以绝对优势领先竞争对手。核心领导团队非常有激情、敢想敢干。OKR 实施两年后，

大家有一个共同的认知：目标设定具有足够的挑战性，就能带领所有团队朝着大目标努力。资源精力有限，按照以往做法很难实现目标，团队必须扭转思路，找到更创新更智慧的业务增长路径，把挑战性目标转化成清晰可执行的 OKR。在目标推进过程中，该团队的做法是在内部工作群公示数据看板，每天看业务同环比的常规数据、每周看季度 OKR 进展、每月关联年度 OKR 看完成度，营造出满满“战役感”，让团队快速发现问题、及时决策并调整行动。

管理者反馈，OKR 让管理变得更简单了，由于每天同步业务进展，信息沟通很充分，所以问题能及时得以解决，最明显的是工作周报越来越简单，罗列几条关键事项即可。另外，以前会花很多时间沟通任务分配，现在每位同学（指员工，是爱奇艺内部对同事的轻松有趣的称呼）都很清楚 OKR 是什么，自觉向上对齐，自发思考做哪些有价值的事情对目标贡献最大，工作起来更有动力。

实施 OKR 不是学习一个工具、上一个系统那么简单，这是一场组织变革，需要管理者从底层意识、思维方式上做转变，这很有挑战性。OKR 在组织内从落地到生根，需要持续浇灌。

姚琼工作室的建议

OKR 最适宜的文化元素

OKR 就像是一枚小小的种子，要想让它蓬勃生长，更快、更多地收获果实，就需要有合适的文化土壤。如果要提炼土壤中最佳的元素，我们认为以下四种会让 OKR 更好地落地。

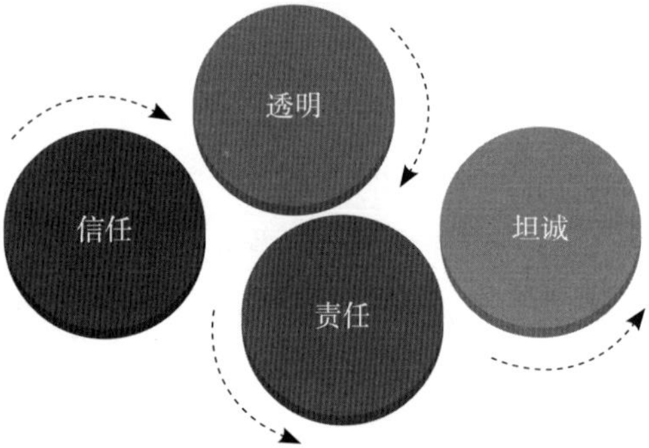

图 2–1　OKR 最适宜的文化元素

第一，信任

信任反映了组织中人与人之间的关系。信任是对他人行为的一种假设，相信而不怀疑，对人充满“善意”。信任，也是一种行为，信赖而不加以控制。信任可以传递信任、产生信任。在信任的环境下，我们可以坦诚而不担心安全，简单高效。我们可以减少控制，使每个人自主负责，从而形成自驱。透明，体现了信任；而责任，则强化了信任。

判断我们的组织是否崇尚信任，可以带着以下问题来反思：

- 是否尊重专业能力、工作的自主权？
- 是否担心提出要求而被敌对？
- 是否担心因挑战、创新不成功而受到惩罚？

第二，透明

透明反映组织信息的流动程度。透明就是指在组织中信息可以自由流动，我们可以便捷地获取所需要的信息。透明包括思考透明、过程透明、结果透明。思考透明，意味着将想法摆到桌面上，公开地告知相关人，让人理解背后的想法而不猜测，从而更好地达成共识。过程透明、结果透明，让我们在做决策时能看到大局，看到相关的背景信息，从而使决策更科学。因为信任，才可能透明。透明强化了责任，透明要求我们要坦诚。

透明的形式主要包括信息公开方式与沟通机制。在信息公开方面，要确定公开内容、公开平台、信息更新责任、信息获取权限。信息公开方式决定了 OKR 系统建设。沟通机制主要包括沟通渠道、沟通频率、沟通内容。沟通内容主要是实现思考透明。OKR 特别强调过程沟通，我们设计“三会”（共识会、洋葱会与复盘会）就是用来交流对目标的思考。

第三，责任

责任反映人们做事的方式。责任既包括承担的勇气，在态度上是否主动，也包括承诺的能力，在结果上能否交付。在组织中，责任不仅仅包含在自身岗位或专业要求中，而且要在更大层面上考虑，对团队成功、组织成功勇于贡献。任何组织都强化责任，没有责任就不可能成功，责任是组织运作的底线。有了责任的承诺，才会产生信任；有了责任的承担，才有可能坦诚。

在 OKR 实践中，责任要特别强调：

- 关注团队的成功，主动考虑自身的贡献和与他人的协作。
- 关注成果与价值，主动考虑对客户或业务的影响。
- 关注目标实现，定期检查进度并不断调整策略。

第四，坦诚

坦诚反映人们沟通的方式。坦诚，意味着关注目标与未来，敢于为了成就目标与成就自己而暴露问题，畅所欲言，以事为先。坦诚，意味着敢向上级、同事表达真实想法，信任彼此，而不担心。坦诚，是员工对组织的美好向往，能让员工更健康、更有生产力！同时，坦诚，也能让组织更开放、更具有学习力！坦诚需要透明，坦诚也体现了信任与责任！

要营造坦诚的文化氛围，有几点很关键：

- 领导敢于承认错误，展示自己的弱点。
- 尊重和接受不同的想法，富有同理心。
- 拒绝完美主义，拒绝主观臆断。

企业文化，是一种行事方式与习惯。它不应该停留在墙上，而应该体现在实践、训练中。是长期的行为而非短期的刻意，是大多数人都会存在的而非少数人才有的现象，让文化变得真实。这种真实会让员工对实践更习以为常！

氛围营造的六大形式

企业导入 OKR，不仅是换一种新的设定目标、跟踪目标的工具。至关重要的是，需要调整我们的思维方式，以匹配工具发挥效用。通过营造氛围引导行为，通过文化宣传统一认知。让大家理解变化，感受变化，从而更好地接受变化，参与到变化中。

我们提供了六大形式，通过宣传载体来营造文化氛围：

第一，口号

口号具有很强的感染力，并容易记忆。它可以让我们更容易理解，更好地感受。我们可以用一些通俗易懂、朗朗上口、接地气的方式，总结一些口号，来表达 OKR 的思想。比如爱奇艺《为目标而战》中的一些歌词，“教你敢做减法，照亮心中的聚焦”“没有人能设置你的上限”……同样，在百胜软件，其 CEO 也用自己的话总结了 OKR：聚焦目标，及时调整；系统思考，持续改进；承上启下，左右对齐；兑现承诺，勇于挑战。

第二，标识

标识利用视觉符号，让我们更好地熟悉、感知，透过形象来理解它背后所展示的意义和要求。我们可以用一些形象、符号来让大家感受到 OKR。比如 OKR logo（标志），湖州市公安局就特意为自己设置了一款 OKR logo，最外圈是一个大大的 O，将 KR 包围在里面，完美融合了先设定 O，再设定 KR 的理念。它不仅仅是一个小的装饰物，还是 OKR 身份、荣誉的象征。

比如姚琼工作室设计的 OKR 手环。我们根据交通灯颜色设计了三款不同颜色的手环，绿色手环写有“我是行走的 OKR”，可以奖励给“完全达成目标”的小伙伴；黄色手环写有“OKR：敏捷、透明、创新、挑战、协作”，奖励给“基本达成目标”的小伙伴；红色手环写有“rock the world with OKR”（用 OKR 颠覆世界），鼓励“没有达成目标”的小伙伴。

第三，故事

我们可以通过发现、总结、提炼组织中具体的人和事，来介绍对 OKR 的理解、实践与 OKR 的价值。故事的真实性、本地化能让大家更信任 OKR。故事也可以让大家更容易接受。

在雷鸟科技，他们策划了一系列 OKR 故事，比如《一群与时间竞赛的人》，介绍 OKR 帮助“自动续费项目组”获得公司“高效达成奖”，比如《雷鸟联盟 GOGOGO》，介绍了 OKR 推进中的亮点和员工使用的心得。

第四，活动

活动的指向性强，可参与性高。我们可以组织一些专项活动，通过物质奖励和精神荣誉的引导，让大家参与其中，感受 OKR。活动，能让关注的人更多，让参与者通过“玩”的心态来体验。在雷鸟科技，他们举办过“最强看板 PK 大赛”“生活 OKR 大 PK”。

第五，仪式

仪式，是一种相对集体性、规范性的活动。仪式，体现了组织的导向，能更大程度地促使人们重视和接受。我们可以组织一些有特定仪式感的活动，来强化组织对 OKR 的重视。例如字节跳动的“CEO 双月面对面”，张一鸣会在会上对自己的 OKR 进行公开自评并接受员工评价。在雷鸟科技，每月会进行全员沟通会，在 CEO 发言环节，李宏伟会对其 OKR 情况进行分享。

当然，常见的仪式是表彰会议，我们可以通过仪式，对那些践行 OKR 优秀的个人或团队进行表彰。

第六，对话

对话，可以通过与富有影响力的人交流，来影响更多的人。在问题、见解之中，让我们来理解变化和接受变化。我们可以邀请组织的管理层尤其是高层，来介绍 OKR 导入的意义、对相关问题的理解。通过对话，让员工能对管理层的想法更清晰，对组织的导向更明确。

比如，旭辉集团导入 OKR 的时候，其董事局主席林中就通过一封全员公开信——《我们为什么要使用 OKR？》来与员工进行沟通。比如，爱奇艺设立了《OKR 有话说》栏目，邀请中高层管理人员来分享他们的 OKR。

第三章

OKR 需要人的改变：当百胜的“胜斗士”遇上小天使

“当你第一次听到要全员推行 OKR 时，你的感受是什么？”

“很困惑，因为之前没有深入了解过 OKR，所以不知道应该怎样写！”

“比较好奇，要怎样去推动公司那么多人写 OKR。”

“满脑子问题，不知道 OKR 是什么，也不知这个玩意儿应该怎么弄！”

“很疑惑，不知道 OKR 该如何做。然后也有一点点期待，OKR 提倡的透明和对齐，对虚拟组织的工作有很大的推动作用。”

“工作内容都透明了，会不会影响信息安全？”

敢于挑战，直面困惑，有一群 OKR 教练带着使命走来。“我们的 OKR 小天使们非常积极，日常会对员工的 OKR 做出要求并指导 OKR 应用。一线员工的 OKR 要结合业务，如果小天使不知道怎么解决，他就会把问题拿到总部会议上来跟大家讨论后再反馈，各地的分公司也一样。”百胜软件小天使菲菲（花名）说。

百胜软件的企业文化被称为“胜斗士”文化。当百胜软件导入 OKR 时，“小天使”遇到“胜斗士”会发生什么呢？

胜斗士的新挑战

2019年，站在百胜软件20周年的历史节点上，CEO黄飞不断地思考，如何在新起点上铺新路，开启百胜软件的第二次创业？

成立于2000年的上海百胜软件股份有限公司，历经中国零售行业翻天覆地的变化，始终以扎实的技术和深耕行业的精神在信息化、数字化领域支持行业发展，业务涵盖企业中台、数字零售、电子商务、移动应用、云服务、RPA&AI（机器人流程自动化和人工智能）、大数据应用、仓储物流等领域的产品和服务，致力于打造一站式企业数智化生态服务，助力品牌零售企业实现数智化转型和商业创新。

然而，即使是在“成就客户”方面成果丰硕的百胜软件，也同样面临着零售行业数字化转型的挑战。如何在数字时代适应瞬息万变的市场环境，实现飞速成长，黄飞一直在思考。

以改革增活力！只有不断变革，才能让百胜软件组织保持活力，才能实现“百年百胜，有你有我”的夙愿。为此，黄飞稳步推进着公司内部管理变革，而在推动研发敏捷变革取得一定成效后，黄飞把变革的重点聚焦在如何提升组织协同效率上。“每个部门都觉得自己很忙，也不知道其他部门在忙什么，”黄飞介绍道，“所以部门之间经常出现一些协同上的问题。”

在日常阅读中，黄飞发现了姚琼老师写的《OKR 使用手册》一书，书里详细介绍的 OKR 理念中所倡导的透明与对齐，正是提高协同效率的重要手段。百胜软件的价值观“专注、诚信、创新、合作、激情”中，合作就是对协同理念的强调，但是缺乏方法论就很难落地。“理论需要有方法论才能落地，OKR 就是很好的方法论。”黄飞决定在公司内部推动 OKR 管理变革。

百胜软件从试点到全面落地

启动：形成战略共识

OKR 为公司战略服务，要制定有效的 OKR，首先要对企业的使命、愿景和战略有足够的认知。

举办“战略工作坊”是导入 OKR 的第一步。为此，百胜软件特别邀请姚琼老师来指导和参与企业的战略解码。CEO、总裁办、各中心总监、13 家分公司总经理等共计 60 余人与会，就百胜软件的远期愿景、近期目标、优势与不足、公司经营的整体逻辑链路等进行结构化的战略分析、运用模型进行讨论，鼓励所有人对公司未来发展畅所欲言，最终对百胜软件的战略规划达成共识。

战略共创为百胜软件带来两个好处。一个是重新梳理了百胜软件的使命和愿景，一层一层分解出百胜软件的近期目标，在战略、目标和行动之间形成了强大的逻辑层次、逻辑链接，搭建起百胜软件的 OKR 整体框架。另一个是全公司大部分高级管理人员集思广益，在战略制定的过程中，提供了诸多公司未来如何发展的思路或想法，并最终形成共识。

试点：总监层应用

2019 年 10 月，百胜软件开始实施为期一个季度的总监层 OKR 试点，整个过程分为四步：制定 OKR、OKR 日常管理、OKR 打分、OKR 复盘。

季度初，副总裁静好（花名）组织召开总监层的 OKR 共识会议，会上大家对本季度的目标做充分的讨论，并达成共识：每两周，定期召开回顾会；季度末，召开复盘会，对每个 O 的完成情况进行复盘和反馈，公开所有人的自评分，对挑战性目标完成较好的人颁发小红花予以激励和肯定。

百胜软件试点初期也遇到了一些困难：有人担心 OKR 是否真的能发挥效能，抑或只是花架子；有人认为 OKR 只是在增加自己的工作量和会议；还有人担心 OKR 属于全员透明，这会不会威胁到部门机密数据的安全；等等。面对内部涌现出的些许质疑声，黄飞深知，OKR 的推行是正确的且有益的，更是势在必行的。

一季度的试点推行结束后，成果斐然：大家对于公司及部门的关键目标更聚焦，全员透明使得跨部门的沟通更顺畅、协作更紧密。而总监层的试点成功，无疑增强了百胜软件把 OKR 践行下去的决心。

推进：OKR 全面落地

2020 年第 1 个季度，百胜总部开始推行全员 OKR。这是最困难也是最关键的阶段，如何让一线员工理解并认同 OKR, 还要学会正确使用，这确实是个不小的挑战。从赋能体系入手，百胜软件邀请姚琼老师给总监层做了线下赋能，同时通过内部的培训体系制作了线上线下的课程，确保员工百分百接受 OKR 的培训。

此外，百胜软件出台了诸多管理条例来加快推进 OKR 落地，并设置了多个奖项用以鼓励出色完成 OKR 的员工。历经一个季度，百胜软件顺利完成了总部全体员工的 OKR 落地。

2020 年疫情来袭，百胜员工经历过一段在家办公的特殊时期，清晰的目标感和持续的自驱力在这一期间尤为重要。除了上海总部，百胜软件在全国还有 13 家分公司，尽快在分公司推动实现全员 OKR 成了当务之急。营销线副总裁琳达（花名）提出“以点带面、赋能先行”的策略——第二季度，先从北京分公司入手导入 OKR，将北京分公司树立为 OKR 使用标杆，第三季度推广到第一梯队的 7 家分公司，第四季度推广到全部分公司。

迭代：持续精进

经过一年多的推行，百胜软件已基本实现全员 OKR 的目标。CEO 黄飞总结提炼出 OKR 32 字实践原则：聚焦目标，及时调整；系统思考，持续改进；承上启下，左右对齐；兑现承诺，勇于挑战。这与百胜软件的价值观一脉相承。

目前百胜软件的员工已经可以熟练使用 OKR 作为目标管理的工具。而在每周进行的 OKR 运营会议中，仍有许多 OKR 执行过程中产生的问题不断抛出，如对待 OKR 态度不认真、OKR

书写不规范、出差员工的 OKR 会议难以组织等。负责推动 OKR 体系落地的组织“OKR 小天使”会收集各条线反馈的问题，集中在 OKR 运营会上讨论，得出解决方案后，再落实到每条业务线上。

小天使遇上胜斗士

百胜软件在 OKR 落地时，搭建了完整的 OKR 体系，其中包括原则、文化、制度、流程、工具、组织等部分（见表 3–1）。

表 3–1 百胜软件的 OKR 落地体系

<table>
<tr><th>模块</th><th colspan="12">内容</th></tr>
<tr><td>原则</td><td colspan="12">聚集目标，及时调整；系统思考，持续改进；承上启下，左右对齐；兑现承诺，勇于挑战</td></tr>
<tr><td>文化</td><td colspan="3">OKR 看板</td><td colspan="3">OKR 桌牌</td><td colspan="3">OKR 日志</td><td colspan="3">OKR 语言</td></tr>
<tr><td>制度</td><td colspan="12">OKR 日常管理制度</td></tr>
<tr><td>流程</td><td colspan="4">共识会</td><td colspan="4">回顾会</td><td colspan="4">复盘会</td></tr>
<tr><td>工具</td><td colspan="4">信息工具</td><td colspan="4">会议模板</td><td colspan="4">培训 PPT</td></tr>
<tr><td>组织</td><td colspan="4">运营管理部门</td><td colspan="4">目标执行团队</td><td colspan="4">OKR 小天使</td></tr>
</table>

在 OKR 的推广过程中，文化和组织缺一不可。文化层面上，百胜软件提倡全员拥抱 OKR 文化，统一思想，实现高质量推广。为此，百胜软件开展员工普及工作，通过显性或隐形的引导，完

成全员 OKR 文化建设，包括会议强调 OKR 的重要性、OKR 钉钉日志撰写与更新，OKR 桌牌及具备跨部门特色的 OKR 看板的制作，设计 OKR 吉祥物和 logo 等等。

OKR 落地效果不佳的关键原因在于缺乏组织支撑。在内部，变革推动者（我们也可称他们为 OKR 教练）是实现 OKR 持久和成功转换的关键。变革推动者是指接受过 OKR 重点培训的员工，他们在公司内部已成长为其他团队和个人可以依赖的专家。

这些变革推动者带来了有关 OKR 的知识。最关键的是，他们对组织文化有深入的理解，可以为变革过程提供量身定制的支持。研究表明，组织内变革推动者的人数越多——与员工人数相关——一个组织的变革越有可能成功。当然，这并不是说其他员工就不需要接受培训。OKR 导入应确保现有员工和未来的员工都能接受 OKR 的基础培训。变革推动者是其团队和其他团队的联络者，以解决有关 OKR 的问题，并具有强大的能力来指导团队制定 / 落地 / 推进 OKR。

从这个角度出发，百胜软件无疑采用了推动 OKR 落地的最优化方法。

在 OKR 推行过程中，每个人对 OKR 的理解和接受程度是不同的，学习效果因人而异。针对这种情况，百胜软件结合现有的培训体系，设计出百胜 OKR 专项课程 2.0 版本（见图 3-1）。

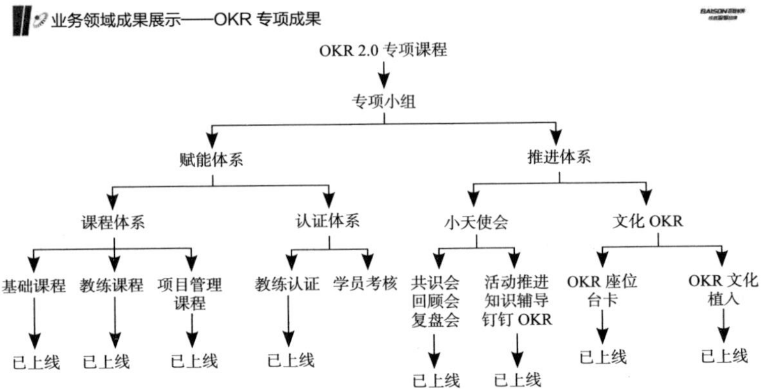

图 3-1　百胜 OKR 专项课程 2.0 版本体系图

在 OKR 的导入过程中，百胜别出心裁地设计了 OKR 小天使岗（OKR 教练）。OKR 小天使通过资格考试和选拔，专门负责各部门 OKR 的落地工作，成了这场管理变革准备的实施抓手。

OKR 小天使是具有百胜特色的岗位设计。一方面，小天使们能够下沉到公司底层，与基层员工沟通，协助员工提高自我认知能力、写好 OKR，推动召开 OKR 会议，指导员工使用看板；另一方面，小天使们也能够持续收集业务线的积极或者负面意见，并向上反馈，实现员工发展和组织发展的有机结合。

小天使帮助分公司 OKR 落地

分公司远离总部，如何让其在管理上与总部同频？

总部为每个分公司安排了一位 OKR 小天使，作为“行走的

OKR”，在分公司落地一系列 OKR 管理举措。

北京分公司的总经理北冕（花名）是一位非常干练的女高管，她对待 OKR 的态度非常积极，这成了选择北京分公司作为试点的主要原因。

在北京分公司导入 OKR 时，首先安排的是培训课程，系统讲解百胜 OKR2.0。在认识到 OKR 能为管理与绩效带来的益处后，员工对 OKR 的接受度会更高，落地效果也会更好。分公司的小天使是总部与分公司之间的桥梁，向分公司传达总部有关 OKR 的内容，同时也向总部反馈分公司使用 OKR 过程中遇到的障碍与思考。

分公司总经理的高度配合，使得 OKR 在北京分公司的落地非常顺利，双向的交流沟通提升了集团内部整体的 OKR 管理水平。以北京分公司为标杆，其他分公司的 OKR 落地工作也陆续地展开。

2020 年第三季度，OKR 在百胜第一梯队的 7 家分公司落地，第四季度推广到全部分公司。在这个过程中，分公司 OKR 小天使们发挥的作用至关重要。

在分公司推行 OKR 初期，由各分公司经理赋能给团队的小伙伴，取得的效果并不理想。因此，百胜软件又邀请姚琼工作室大韩老师举行了一场培训，总部及分公司的经理人全部参会。

OKR 培训过后，每个分公司都推选出一名 OKR 小天使，成为总部 OKR 小天使的分支。他们负责引导大家撰写 OKR、推动召开 OKR 会议，指导分公司员工使用 OKR 看板和桌牌等。如果遇到 OKR 落地时不能解决的问题，分公司小天使就会反馈给总部小天使，再由总部小天使把问题带到总部的 OKR 运营会议上讨论解决。每周二，总部小天使会召开 OKR 运营例会，沟通 OKR 推广进程。待会议结束后，总部小天使会召开一个二级会议，向分支小天使传达总部的 OKR 指导内容以及所反馈问题的解决办法。

OKR 在分公司落地的过程中，也出现了与总部类似的问题，例如对待 OKR 的态度不认真、OKR 书写不规范等。在 OKR 小天使的帮助下，这些问题都得到了较好的解决。

但是分公司的 OKR 落地工作，也出现了一些新的现象。

第一个现象是，部分分公司人数太少，沟通交流非常方便，OKR 发挥的作用有限。另一个现象是，分公司大部分人员负责的是营销业务，一线人员经常不在公司，甚至还有部分"胜斗士"要去客户现场上班。

出于这种考虑，OKR 小天使们对分公司的员工提出了一个要求：当员工本人不在公司时，需要随身携带自己的 OKR 桌牌。在客户公司上班的员工，需要将桌牌带到客户公司去。通过不懈努力，百胜最终在第四季度实现了营销线全员 OKR，摘得 OKR 管理的硕果。

在学习和实践过程中，OKR 小天使对 OKR 理论知识也从陌生变得熟悉，并不断迭代对OKR的认知。

行政部小天使推广OKR的感受

作为公司职能部门，行政的工作相对来说会更具体、涵盖范围更广，就是我们所说的比较杂。当行政部小天使凯莉（花名）第一次听到要导入OKR这个管理工具的时候，她感到很陌生，加上学习过程中能借鉴的案例很少（营销、市场方面的案例比较多），她就更迷茫了。

第一次在公司的要求下写OKR，她思索半天不知如何下手，无奈拿出KPI来看是否有可融会贯通、相互借鉴的地方，结果是枉然的，两者有根本的不同，如何借鉴？查阅上级领导OKR却只有范围很大的一条，思虑再三还是觉得不够，得再具体些。跟团队小伙伴“共识”OKR的时候，大家都很抵触，觉得这个东西陌生，不知道如何下手，质疑为什么要写这个，可不可以不写？这是来自小伙伴们的真实声音。第一次OKR共识会在无可奈何中完成，出具的成果只是让自己觉得完成了任务，没有真正提升管理水平，反而要花时间去编写OKR。

他们每周都会一起交流OKR的进度，每个月都会开共识会、复盘会。前两个月的时间里，在OKR上花了很多时间，对工作没什么帮助。到了第三个月，他们才习惯性地一起“共识”，一起查阅其他人的OKR。遇到专项工作跨部门协作的时候会想到用 OKR 去拉通。他们从主观意愿上接受它的作用，摸索着去用好它，也会去展示自己的 OKR。

俗话说："给你三分颜色就开染坊。"这句话也不完全是贬义，入门 OKR 后初尝甜头，应用也会更熟练，OKR 的一些规则和关注点也慢慢清晰了。会写一个很高大上的 O，制定 KR 的时候会落实到具体的事务性工作上。在日常的推进中，他们的目光、注意力都在 KR 上，会以完成 KR 的情况来给自己评分。慢慢地，他们忘记了，设定 OKR 是为了完成 O，所完成的 KR 是不是可以完成 O？他们迷失了。他们的 O 可能是上级的一个 O，也有可能是上级的一个 KR，它们会有连锁反应。他们在制定 OKR 的时候，忽视了 KR 是否能包住 O、是否支撑完成 O 的问题。

重新整理 OKR 的规则、方法，可以更好地融会贯通地运用这个工具，帮助他们更好地推进工作落地，达成目标。

曲折坎坷的 OKR 推广之路，收获还是很多的，实现了上下对齐、横向拉通，大家的目标明确了，合作也更融洽了。现在他们在新季度开始的时候一起共识 OKR，写完会检查他们的 O 是不是鼓舞人心、方向明确，检查他们的 KR 是不是够具象聚焦，是不是有路径支撑他们的 O。同时，他们会在信息平台上晒出大家的 OKR，也会在每个人的工位上摆出 OKR 桌牌，每天抬头看看自己达成了哪些，还没达成的是哪些。相信 OKR 对他们工作的帮助会越来越大，让他们的工作更高效。

OKR 让人转变思维方式

OKR 不仅是目标管理工具，在某种程度上也是一种思维方式。实施 OKR 的过程，其实也是透过 OKR 工具改变人的思维方式的过程。

总部营销 OKR 引擎会

在营销线，副总裁琳达是 OKR 的忠实拥护者。她不止一次地进行 OKR 宣导："希望大家都去读一读《这就是 OKR》，去了解字节跳动这家公司。在理解了 OKR 后，你们就能明白为什么我在营销线要大力推动 OKR。我相信 OKR 能为我们创造巨大的价值！"

在这样的精神激励下，OKR 率先在总部营销落地，五大中心管理层每周召开"总部营销 OKR 引擎会"，挂上营销线 OKR 看板，把当季总部营销的主要目标开放给大家。

每季度的 OKR 共识会上，琳达会对每个人给出建议，更多的是引导大家如何提升与改善，取得共识的过程也是创意碰撞的过程，每季度的 OKR 共识会都是总部营销的一场头脑风暴。潜移默化之下，大家在撰写 OKR 时更多的是在寻找创新点和突破点，这就是 OKR 发酵出的变革价值——OKR 提升每个人对工作的思考水平，挖掘日常工作的更多价值，把整体思维模式带向一条快车道。

质量安全中心打开跨部门合作大门

秉承着“成就客户、追求品质、超越自我、拥抱变化”的经营理念，百胜软件将质量与安全作为头等大事。为了拉通各业务线，建立统一完整的质量安全体系，百胜软件组建了“质量安全中心”的实体组织。为了能够很好地将质量安全的制度与措施落实到各业务线，又抽调各业务线的管理人员，组成了“质量安全委员会”这个虚拟组织。虽然建立了这两个组织，但是在推动质量安全工作过程中依然困难重重，主要原因是大家对阶段性目标不明确，各部门工作职责不明确。另外，由于每个业务线都有业务指标和任务优先级，质量安全委员会的工作推进非常吃力。就在质量安全工作遇到瓶颈的时候，OKR 来了。

质量安全中心的负责人小龙女（花名）与研发敏捷教练闪电（花名）首先做出了具有跨部门特色的 OKR 看板，接着召开了第一次共识会。本次会议有十几个部门的人员参加。在共识会上，大家对质量安全管理的目标做了充分讨论。小龙女提出“O”，各部门负责人自下而上提出自驱的 KR，最后达成共识。在双周回顾会上，小龙女会确认每个 KR 负责人的工作进度，实现目标的上下对齐。如有变更，会及时在会议上做迭代。最后在季度复盘会上，大家对每个 O 的完成情况分别进行回顾与反馈，做得最好的 O，会得到大家的投票支持，并获得荣誉表彰。

在实施 OKR 的过程中，也遇到了一些意想不到的“插曲”。在 Q2（第二季度）的一次回顾会上，一位员工突然说：“某项 KR 是共识会上强行分配的，我们从一开始就不同意。现在进度延迟，又来怪我们业务线。”小龙女反问道：“共识会上，大家也没有提出反对意见，为什么现在才提出来？”

这次小冲突，让质量安全中心的成员意识到了当场沟通和反馈的重要性。此后在共识会上，鼓励大家逐渐放开自我，积极地表达观点，使 OKR 更加合理规范。而出现分歧的 KR，经过大家反复沟通，认为在时间和资源上有约束，Q2 无法实现，故而把该项 KR 变更到 Q4（第四季度）解决。

从这个小插曲可以看出，虽然大家的意见有些分歧，但是依然可以在 OKR 的管理框架内进行讨论，并且可以在不同周期动态调整。OKR 为跨组织的目标统一以及目标达成提供了很好的管理工具。

通过一年的 OKR 管理实践，质量安全委员会的跨组织 OKR 管理不断迭代，日臻成熟。截至 2020 年年底，百胜软件的质量安全工作建设取得了三大成果：一是在 OKR 的帮助下，安全与合规性贯穿整个业务线；二是专项协同更加简单；三是加强了各部门的目标感，部门协作效率显著提高。

OKR 不仅教会大家将单一数字或任务式的目标改成 O 与 KR 的组合，更为重要的是，它是一种不同的思考方式和管理模式。企业导入 OKR，在一定程度上就是一场管理的变革。

任何变革都是艰难的，它不仅要和过去的流程、机制及模式做斗争，更关键的是要让每一个人从内心深处真正接受，从认同、学习到养成习惯。OKR 落地成功的标志不是 OKR 的模板 / 看板 / 系统，而是每个运用 OKR 的员工发生了改变，他们的思维模式和行为发生了变化，他们变得更加优秀与进取，不断挑战更高目标。

在这个过程中，OKR 教练扮演了重要的角色。外部教练在赋能，统一整体的认知；内部教练在赋能，手把手指导每一位员工的 OKR 落地与运用。而企业最高管理者就是最好的教练，他们带领整个组织变得更敏捷、更成功。

姚琼工作室的建议

建立 OKR 大使

当一个团队或公司导入 OKR 时，建立 OKR 大使这个角色是一件非常重要的事。OKR 大使在确保 OKR 成功落地中发挥着重要的作用。这个角色，除了 OKR 大使这个抬头外，还有诸如 OKR 斗士、OKR 教练等名称。

OKR 是使组织变得更加敏捷的切入点，是敏捷组织运作系统的一部分，但是，要充分发挥 OKR 的价值，就需要使管理者与其团队在沟通方式、运作方式上进行根本性的改变。这种改变，对许多人来说，意义重大，当然阻碍也大，这与任何变革一样。OKR 大使是实现 OKR 落地并发挥应有价值的关键因素。

对于没有 OKR 大使而试图推出新目标管理方法的组织来说，有一个更大的风险是：OKR 没有很好地使用，沦为形式。改变个人和团队行为才算成功地使用 OKR 方法，就像任何其他改变一样，如果不创造新的、积极的行为和习惯，变革就会停滞不前。

根据变革大师约翰·科特的理论，任何变革都会经历三个阶段：

- 阶段一：营造变革氛围

- 阶段二：赋能并融入变革
- 阶段三：制度化、常态化

在这三个阶段，OKR 大使可以发挥积极的作用，尤其是在第一、第二阶段。

我们对 OKR 大使做了以下角色界定：

- 使命：推动 OKR 成为组织的共同语言，使之本地化，成为组织 DNA（基因）。
- 角色：

1. 知识官：介绍 OKR 方法，解决 OKR 困惑。

   知识官的主要工作场景如：部门培训、新人培训、OKR 专项培训（可能是关于 OKR 的知识、模板应用、系统使用等）、OKR 实践中问题的咨询。

2. 教练：检查 OKR 规范性，通过提问引导进行 OKR 设计。

   教练的主要工作场景如：OKR 导入阶段、新人初用阶段 OKR 检查，如有必要，可以进行引导式辅导。

3. 引导师：主持 OKR 会议，策略性促进产生有价值的沟通。

引导师的主要工作场景如：在关键会议如共创会、共识会、回顾会、复盘会担当主持人。

4. 跟进者：确保 OKR 定期更新，阶段性回顾。

跟进者的主要工作场景如：在 OKR 实施初期，查看、提醒、督促完成数据更新、会议召开。

5. 宣传员：传播 OKR 理念与文化典范，使参与者接受、践行 OKR 原则与价值观。

宣传员的主要工作场景如：找到适合点进行“why”（为什么）宣传，向关键人员推介，找到典型予以传播，定期与员工沟通。

跟进者、宣传员主要在 OKR 刚开始导入的环节发挥作用，为期半年到一年。这两个角色所要求的知识技能并不一定很高，但一定要有热情。当 OKR 形成习惯，或成为管理者职责的一部分后，二者的作用就慢慢淡化了。

知识官、教练、引导师会长期存在，这三个角色要求的技能相对较高，需要对 OKR 方法与理念有更深入的理解。如果组织的人才资源足够，可以将这五个角色合而为一。但如果缺乏必要的资源，可以将 OKR 大使角色分开。对能承担“知识官、教练、引导师”的角色，建立一个新设定，称之为“OKR 大使”。OKR 大使，可以从组织的储备干部中选择。

一个优秀的 OKR 大使，应该具备哪些特质呢？最基本的是：理解 OKR，认同 OKR，对 OKR 充满热情，愿意成为 OKR 的倡导者。除此之外，最好还具备以下特质：

- 了解业务，对公司文化和业务运作方式有透彻理解。
- 具有较强的沟通能力，能影响他人。
- 富有同理心，能感知、理解他人。
- 愿意帮助他人。
- 愿意持续学习，抱有开放心态。

在实践中，我们可能会发现一些新方法的导入出现这种情况：兴奋地导入，认真学习并践行，然后就慢慢地忘记，甚至又回到以前的习惯。

正是出于对这种情况的担心，一些管理者、员工对组织导入任何新工具、新方法，都丧失了信心和兴趣，带着质疑、随意的心态来对待新的变化。

对于 OKR ，也会这样。我们绝不应将 OKR 视为一个“一劳永逸”的框架。如果你认为这是一次性的流程更改，我们强烈建议你不要选择 OKR。它需要专注、纪律、支持和承诺，需要 OKR 大使让这些慢慢形成习惯，成为常态。

第四章

OKR 点燃“成年人”文化：雷鸟科技让挑战性目标释放能量

互联网业务变化快、周期短，往往一个业务验证不可行，就要立马掉转方向，尝试新的目标。在快速变化的环境下，仅仅靠静态目标是无法支撑结果达成的，需要一套同样敏捷的管理工具。OKR 管理方法和雷鸟业务及“成年人”团队十分匹配，是打造一流互联网团队的不二选择。

——李宏伟，雷鸟 CEO

雷鸟科技与挑战文化的渊源

雷鸟科技是全球领先的场景互联网及 AI × IoT（人工智能 × 万物互联）服务平台，由 TCL 电子孵化、腾讯和南方电视新媒体共同投资，负责 TCL 智能电视及泛智屏终端的系统开发及运营，拓展电视、OTT（通过互联网向用户提供各种应用服务）盒子和智能投影仪等非 TCL 品牌硬件终端，为全球六大洲 160 个国家和地区的用户提供影视、教育、生活等家庭会员大管家服务。

成立仅三年，雷鸟科技就快速成为年轻的准独角兽企业，2020 年，雷鸟科技入选 36 氪“2020 年度中国最受投资人关注创业公司 TOP100”、福布斯“2020 中国高增长瞪羚企业榜”。

作为一家互联网科技公司，雷鸟科技的使命是“让全球家庭更快乐”，愿景是成为一家“一流互联网科技公司”。在这样的使命愿景指引下，雷鸟科技倡导“成年人”文化，鼓励拼搏、坦诚、创新、自驱，让优秀的人在公司得到充分的成长和发展。

李宏伟于2018年加入雷鸟科技，担任CEO一职。他是36氪“36位36岁以下了不起的创业者”、《财富》“中国40位40岁以下的商界精英”等诸多重量级榜单的入围者。在他的领导下，雷鸟科技业绩每年实现成倍增长，一路披荆斩棘，跻身行业前列。

雷鸟的人才都来自一线互联网企业，雷鸟内部称他们为“成年人”。他们有丰富的工作经验、极强的自驱力和持续成长的能力。这样一群人聚在一起，传统的KPI控制型管理模式反而会扼杀很多的创造力。

在业务和人才的双重需求下，OKR成了雷鸟的必然选择。

OKR在雷鸟的实施，基于“整体规划，分步实施，全员参与”的原则，他们成立了OKR实施小组，设计了OKR赋能、OKR管理系统建设、OKR文化落地三步，以实现雷鸟科技OKR本土化落地。

雷鸟引入OKR初始，邀请工作室姚琼老师由上至下地开展了对管理层及骨干员工的OKR赋能培训，以统一大家对OKR的认知。同时，为了推动OKR实施，公司要求部门管理层作为本部门OKR落地的第一责任人。之后又在各部门选拔了OKR大使，通过大使进行OKR的运营和激励，以协助部门长跟进各部门 OKR 落地效果……所有这些与其他公司导入 OKR 的过程相比，基本大同小异。

OKR 在雷鸟公司真正有特色的亮点，是它最终像一团巨大的火焰，点燃了雷鸟的“成年人”。

朝着更高目标努力的人才：OKR 视角下的雷鸟“成年人”

雷鸟非常重视人才。李宏伟认为，人才是业务发展的基础。即使是在工作的过程中，也要不断去学习，在实践中总结，而创新是业务发展的本质，要在现有业务到达天花板之前，提前开创第二曲线业务。雷鸟倡导“成年人”文化，即“吸纳更多优秀的人才，提高人才密度，让优秀的人带动更多优秀的人一起做事”。

雷鸟的人才标准如下：

> 自驱：有自驱力，能被激励，真正愿意跟着火车头一起追求第一。
>
> 拼搏：懂得拼搏并选择拼搏，才是想当第一的体现。
>
> 自省：懂得自省、懂得学习，并且能够快速学习成长。
>
> 靠谱：凡事有交代，件件有着落，事事有回音。

"成年人"又被雷鸟称为A类人才。A类人才是雷鸟内部对"促进人才个人发展"提出的具体要求和目标，它的定义为：朝着更高目标努力的人才。

在雷鸟，只有满足11个条件才能被称为A类人才：

1. 工作是事业之一，不只是谋生手段。员工应该认同公司的事业、认同公司的使命，和公司一起致力于"让全球家庭更快乐"的使命。
2. 持续追求高目标，在自己所处的领域追求行业第一，追求卓越。
3. 对自己的目标不设边界，完成自己的工作后，不分哪些是我该做的，哪些是我不该做的。
4. 自驱力强，极少需要领导驱动。
5. 持续学习和成长，在能力上每半年能看到明显的变化。
6. 不断提高自己团队的A类人才的比例（以半年为期）。
7. 能力强，因此一直能产出高绩效（A及以上）。
8. 组织可以直接指出A类人才的问题，A类人才会极度透明极度求真地去快速改进。
9. 对不确定性保有乐观。
10. 人品好，靠谱，能够与人合作。
11. 延迟满足。

A 类人才计划，能够激励员工超越自我，尽可能挖掘和发挥自己的潜力，体现自己的人生价值和对公司的价值，进阶 A 类人才的过程，也是实现和演绎自己人生意义的过程。

在 OKR 工作方式中，承接上级目标，在明确个人价值的基础上自主制定 OKR，能让 A 类人才打破界限，拥有更广阔的施展空间。

我们来看一个案例：

2020 年 1 月，在 TCL2019 年度重点项目表彰大会上，雷鸟科技击败众多优秀项目，提名“在线会员付费提升项目”奖项，这是雷鸟科技首次在此类评审中获奖。也见证了 OKR 文化赋能的魅力。

雷鸟科技在引入 OKR 之前，组织内部对目标制定和目标过程管理就形成了一套独特的认知：

1. 在年初定目标时，CEO 要求所有业务的目标要有足够的挑战性，要看得够高、想得够远。
2. 目标不是顺其自然就能达到的，而是需要想办法、找方法，努力才可以完成的。
3. 目标确定后，每个月都要向全员同步这些目标的完成进度，接受员工监督。

早期的这些做法无不与 OKR 倡导的“挑战不可能”“责任追踪”“公开透明”等原则不谋而合。

雷鸟科技认为：“如果一个目标只有一半的信心能够完成，那这个目标就是有挑战性的。换言之，在设定 OKR 时，所有的 KR 都应依照 50% 的信心值标准设定。只有这样的 KR 在攻破后才会产生振奋人心的效果。如果设定 KR 时我们认为 100% 能完成，那就把它 double（翻倍），这样就有挑战性了。”

时间来到 2019 年初，线上会员业务部的 KPI 刚刚确定下来，得知消息的部门同学们却一脸愁容，提不起精气神。彼时的付费渗透率还在个位数徘徊，迟迟没有重大突破，数据提升哪怕百分之零点几都难上加难。纵观整个行业的状况，雷鸟在这项指标上的排名不尽如人意，几乎处在垫底的位置。

回忆起当时的情形，晓强说：“以前我们每年的目标只是保持连续性增长，维持原来的运营策略和强度即可。这次不一样了，公司从上到下都在强调做行业第一，我们的目标一下高了好几倍。刚听到这个目标的时候，我都震惊了，不知道怎样才能实现这么高的目标，我自己用了半天时间才慢慢消化这个事实。”

作为业务负责人，雪琼形容这次的目标为“跳变”，她说：“这次的目标不再是以去年的数据为基数增长，而是站在更高的视角，在整个行业内跟优秀的对手竞争。也许乍一听要求非常高，但实质上和我们做的业务长期规划的方向是一致的，这个目标是我们长期规划中要达成的一部分，现在把过程加速了。”

李宏伟说过：“把目标转化为行动力，需要不断拆解目标中的核心要素，直到要素被拆解到与实际工作挂钩，让你能围绕这些要素展开行动。”这就是雪琼团队的第一步：拆目标。通过一层层拆解，团队所有人对重点突破的发力点都有了清晰而统一的认识，任何工作都会指向会员渗透率、ARPU 值（用户人均收入）等核心指标的提升。尽管时间已非常紧迫，但他们在第一步上花费了尤其长的时间。雪琼认为这是值得的：“其实 CEO 也经常强调，在一个流程上游花费的时间越长越有价值。我们把目标拆解到位了，接下来的执行才有意义，不然等时间都过一半了才发现方向有问题，浪费的时间和精力就不是一星半点儿了。”

“提升这些指标就像摘果树上的果子，你会把最外面、最好摘的果子先摘了，再想办法摘上面和里面的。”晓强在回顾他们项目的第一阶段时，用了摘果子的比喻。经过分析和对比，他们决定首先从最表层对产品进行优化，比如简化内容描述、优化运营图片清晰度和排版方式，一切都是为了提升流量。流量上去了，接下来的设想才有可能实现。

当流量上涨到了相对正常的水平，团队成员迅速进入下一阶段，开始对产品功能进行全面优化。岳颖说：“那时我刚加入雷鸟，正准备搞一次促销活动拉一拉数据，结果发现我们的产品还不具备这方面能力，我只能‘曲线救国’，用一个 H5 页面先做了这次活动。活动结果证明用户是喜欢这类促销的，当时付费开通和转化率形成了一次小高峰。这也坚定了我们提升产品能力的决心。”产品能力的提升是一个多维度、长期性的攻坚战，除了活动运营能力，团队还逐步定位并完善了几项关键能力，如自动续费、VIP（贵宾）面板、挽留弹窗等。有些功能虽然晚于对手一步，但从服务用户的角度出发，这些功能也是让用户更好地使用会员产品和服务的必然结果。如果是经过用户验证有效的功能，他们就保留；如果用户并不喜欢，他们就继续探索和优化，直到用户喜欢。

经过前面两个阶段的努力，线上会员的产品能力和流量都已有了可观的改善，下一步就是拼运营能力了。“运营方面我们有两大方向一直在做，一个是活动运营，一个是精细化运营。这两项几乎都是从无到有地搭建起来的，还是在这么短的时间内常态化，我觉得我们这个团队实在是太牛了！”岳颖说起运营的事情，嘴角扬起一丝微笑。做活动最怕没有效果，运营的同学在每一次活动前都做了数据预估，活动后一定会复盘，找原因、做数据对比。活动玩法优胜劣汰，经过摸爬滚打试错过来，才有了今天能比肩腾讯等公司的活动频次和水平。

雷鸟科技倡导“成年人”文化，倡导透明、坦诚、自驱、拼搏的工作态度。雪琼在项目总结会上分享她的感悟时说：“你的时间在哪里，你的成长就在哪里，你的人生就在哪里。”

会议驱动：OKR 为“成年人”文化赋能

OKR 在雷鸟的实施，同时也兼顾了 OKR 本土化落地，充分为“成年人”文化赋能。

在 OKR 落地过程中，文化氛围建设也在潜移默化中影响了员工的 OKR 工作方式。通过 OKR 白板、OKR 图书普及等形式，开展 OKR 环境先行建设。雷鸟也开展了一系列 OKR 活动，例如生活 OKR 设置、最强看板等活动，增加 OKR 的趣味性，并且推出 OKR 痛点系列线上推文，制作 OKR 小卡片等，时时刻刻为员工答疑解惑。

真正让 OKR 为“成年人”文化赋能的是会议驱动。雷鸟从公司级会议着手，严格按照 OKR 周期管理全景图开展“共识会”“复盘会”“庆功会”“沟通会”，通过会议驱动各部门 OKR 的制定、周期跟进及复盘，保障雷鸟 OKR 的落地效果。

共识会对齐并承诺

在雷鸟，先由 CEO 制定公司的 OKR，然后各部门主动承接公司的 OKR，如有问题可以与 CEO 进行沟通以调整，从而确定部门 OKR。各部门也需提前沟通，对部门之间的关联数据指标达成一致，完成部门之间横向拉通与审视。这都在共识会之前一周内完成。

而共识会仅仅识别部门之间的依赖，发布 OKR，其实是一种承诺。

复盘会归因于内，追问到底

OKR 实施闭环管理的最后一环即 OKR 复盘，雷鸟的 OKR 复盘会分为内因及外因分析，排除外部因素客观影响，最终归因于内，识别根因，找出改进措施持续跟进，闭环整个 OKR 实施流程，内化 OKR 为雷鸟关键的管理工具。

第一次召开复盘会，大家还不适应归因于内，当问到目标为什么没有达成时，KR 的负责人习惯性地把问题归结于外部因素：因为其他中心不支持，因为合作伙伴订单确认晚了，因为财务统计口径不统一，因为其他事情太多没时间做……

作为复盘会的引导者，CEO 李宏伟早已料到这一情形。他首先和在场的所有与会者达成一个共识：归因于内。理由很简单，只有归因于内，才能有措施去弥补和改变。外部原因无法改变，聚焦在可以改变的地方，才能有成长和进步。他顺着大家分析的第一个内因，不断追问：为什么？还有呢？根因在哪里？经

表 4-1　雷鸟内部使用的复盘模板

OKR	负责人	整体 KR 进展（简要概括，用 KR 的具体衡量指标说明）	遇到哪些问题	原因分类	第一层原因	第二层原因	第三层原因	根本原因	解决措施	从流程和组织能力上解决的办法	纳入下个月的行动计划
KR1：				内因							
				外因							
KR2：				内因							
				外因							
KR3：				内因							
				外因							

过“为什么”的轮番考问，问题的根因也逐渐浮出水面：因为没有给 KR 分配足够多的精力，因为没有穷尽所有办法死磕到底，因为没有做好前期准备和调研……

经历了连续几场复盘会的“灵魂追问”，问题的根因终于被挖出来，针对根因的解决措施真正发挥了作用，大家的 OKR 完成度越来越高。

庆功会分享成功的喜悦

OKR 庆功会是雷鸟 OKR 管理中最有趣的一环。庆功会一般安排在每个月月底，参会人包括全部管理团队，会议在丰盛的茶歇饮品中召开，大家就本月 OKR 取得的成就和进展向全体管理团队汇报，分享成功的喜悦，感谢在过程中一起合作或提供了帮助的伙伴。除此之外，OKR 达成特别好的部门还会被邀请分享最佳实践，把成功的经验毫无保留地赋能给其他团队，帮助其他团队一起成功。

庆功会最后的一部分，是大家最期待的“表扬”环节。这时 CEO 李宏伟会起身站在大家面前，逐一表扬在座的每一位成员，肯定大家的付出，感谢在过去一个月做出的成绩，每个人的感谢语都包含了具体的事情和感谢的原因，用心程度可见一斑，让在座的管理团队成员内心无不充满温暖。

庆功会既有感恩的气氛，也伴随一丝目标达成的压力。每次庆功会要有能够与大家分享的庆功点，背后都靠自己的队伍不懈努力、死磕到底达成的业绩支撑。OKR 庆功会巧妙地将庆功的喜悦、感恩的温暖和业绩的压力融合在一起，是雷鸟 OKR 落地中极具创造性和代表性的成果。

沟通会是雷鸟同学每个月最期待的环节

OKR 有一个很重要的作用是提高透明度，减少沟通成本。雷鸟的 OKR 不仅对全体员工开放，所有人都可以看到所有 OKR 内容，更进一步地，在每个月的全员沟通会上，CEO 还会主动汇报 OKR 完成情况、遇到的问题和接下来的解决措施。有员工说："每次 CEO 同步 OKR 的时候，我会觉得自己有参与感，公司最重要的事情我都能知道得一清二楚。有时候看了自己部门的 OKR，不用单独找上级沟通也能明白这段时间的业务重点在哪里，我应该如何支持。"目前雷鸟的所有部门开周会都用 OKR，用 OKR 沟通工作，进行过程管理已经成为雷鸟的工作方式。

自从全员沟通会召开以来，凭借透明沟通、大胆发声、真诚交流等特质，这一会议迅速俘获了大批雷鸟同学的心。2020 年全员沟通会更是火力全开，坚持每月召开，为大家提供了 9 次深入沟通交流的机会。

全员沟通会主要分为以下几个模块，每次根据具体情况适当调整：

1. CEO 发言：CEO 李宏伟向全员汇报公司 KPI 进展、OKR 达成情况、工作原则与文化理念、重大事项。
2. 新员工介绍：近期入职的新员工花 1 分钟，用 1 页 PPT（演示文稿）向全员介绍自己，在这里你会发现周围都是斜杠青年、户外达人、养生专家等神仙同事。
3. OKR 之星颁奖：每两个月评选一次 OKR 之星，表彰为 OKR 达成做出贡献并在过程中践行雷鸟文化价值观的雷鸟同学。
4. 线上和现场问答：CEO 李宏伟回答线上和现场雷鸟同学提出的问题，把员工最关心的问题解答清楚，让信息在公司内充分流通。

全员沟通会里有一个固定环节，是 CEO 李宏伟带领大家回顾公司级 OKR 的进展，汇报阶段性成果，分析遇到的问题以及后续解决措施。这样坦诚的交流很受大家欢迎，有同学感慨：每次参加全员沟通会听 CEO 讲公司 OKR，事无巨细地分析每一项的达成情况，甚至很多重要的数据和信息也毫无保留地分享给我们，就像是他在向我们汇报工作一样，那一刻我觉得自己很有参与感。

让目标变得更具挑战性：蕴藏在 OKR 和“成年人”文化中的巨大能量

随着雷鸟科技的逐渐壮大，内部职能和分工更加复杂，组织的目标也逐渐增多。越来越多的目标会分散组织的精力，让整个公司行进缓慢，增长速度势必大幅放缓。雷鸟科技需要 OKR 来帮助整个组织聚焦最重要、最核心的目标，而达成这些目标，能对最终业务结果起到至关重要的作用。OKR 的层层分解、横纵拉通，保证了雷鸟科技的目标整体一致，所有人的努力都是为了达成公司最重要的目标，同时也从侧面促进了部门间的协作沟通，避免各自为政。

进入 2021 年，雷鸟以 OKR 文化 2.0 为重要抓手，落地雷鸟拼搏文化、效率文化和创新文化，强化信息流通，拼搏、自驱、创新。

在实际过程中，雷鸟的“成年人”发现：沟通、对齐和挑战性思考是蕴藏在 OKR 中的巨大能量，雷鸟认为，目标和关键结果是一个迭代过程。要不断协商制定出极具挑战性的目标，不仅需要团队自上而下地思考他们应该承担什么责任，还要让他们思考他们能够做出什么贡献。如果只是自上而下地进行，并且将结果“直接”与绩效挂钩，OKR 就会变得像 KPI，大家最终只会迫于压力而完成他们的工作。

OKR 与 KPI 最大的不同是，OKR 是目标管理工具，用来聚焦和对齐目标，不具备也不承担绩效考核功能，而 KPI 是绩效管理工具，用来度量与改进绩效表现。这决定了 KPI 在设定目标时，强调的是结果，以结果评判表现，因此 KPI 在年初设定后基本保持不变，年末打分出结果，用来评定绩效好坏，并与奖惩制度直接挂钩；而 OKR 在设定目标时，强调的是方向，是把公司上下所有人的目标聚焦起来，为了一个高目标而努力奋斗，目标完成了，会特别振奋人心，即使目标没有完成，也能带来超出预期的结果。

向大家展示更宏伟的蓝图，以及团队之间的充分沟通和信任，可以帮助大家协调一致地去围绕一个共同目标而努力，而挑战更大的宏伟蓝图的信念，可以让团队成员更融合和更加顾全大局。导入 OKR 实质上是发起了一项组织变革，员工的思维习惯、工作方式都需要改变。要引发如此巨大的改变，把目标变得更加具有挑战性必不可少。

当目标没有达成时，熟练掌握 OKR 的雷鸟“成年人”会习惯性地把问题归因于内。因为他们知道，外部因素不是不重要，但很多时候是不可控的，所以聚焦在可以改变的地方，才能有成长和进步。

如今，雷鸟的“成年人”实现了 OKR 的本土化落地，OKR 作为雷鸟科技目标管理和过程管理的工具，与其他绩效管理工具相辅相成，互为补充。这套管理系统运行至今，已经成为雷鸟科技高效运作的底层基础。

据悉，TCL 集团将全面推行 OKR，而雷鸟作为 OKR 先锋，即将用自己两年多的实战经验，助力整个 TCL 集团完成 OKR 落地。

姚琼工作室的建议

OKR“挑战”的理解与应用

谷歌的 OKR 实践经验，为 OKR 增加了“目标应富有野心”的特征。挑战从导向上能够激发创新，要求员工追逐更高目标而不保守，既能激发员工活力，又能为组织带来更大的成果。但与此同时，这又给管理带来挑战，“100% 承诺”“完成目标”这些我们一直遵循的管理经验在“挑战不可能”的情况下如何进行管控？下面，我们给出一些关于“挑战”的解读与实践指引：

OKR 为何要“挑战”

保守的目标设定会阻碍创新。设定挑战目标后，我们要从可能性视角出发，运用第一性原理，激发大家的想象力和智慧，找到更多的可能性。我们听过“沿着旧地图，找不到新大陆”，那么反过来，“想要新大陆，要找新地图”。所以，OKR 不能是日常事务，它要求我们在工作中改善、创新、突破，寻找新的策略 / 方法，为组织赋予新能力。从这个角度来说，OKR 可通过结果的挑战，带来行动 / 方法的改善。OKR 不是让人工作变得更“辛苦”，而是让工作更有效率，让人更“聪明”。

OKR 促使我们远离舒适区，带领我们超越能力的边界。挑战目标，可类比人的运动。当你做拉伸运动时，会感觉不舒服，甚至有点痛，但之后会感觉良好。开始时你努力够向脚，或许还不能够到，但不断拉伸后，你可以够到以前无法够到的地方。OKR 要求目标的挑战性，能迫使员工不断突破自己的“舒适区”，在挑战中不断成长。

但是，需要注意：拉伸不能让人受伤。挑战难度过高，大大超出责任者的可控范围，可能导致责任者放弃承诺而不行动，也可能让那些“完美主义”者无法接受进而产生沮丧情绪。另外，目标管理大师埃德温·洛克指出：“目标设定越具有挑战性，所产生的结果越佳。虽然高难度的目标与其产出结果之间的差距，通常会大于低难度目标与其产出结果之间的差距，但是前者达到的最终结果仍然比后者要好。”这对“预测控制”思维产生挑战，因为人们不喜欢不确定性。这些对管理者有更高要求，需要管理者发挥教练、支持、认可作用，承担起“识别”人才的责任。

挑战设计与评分的应用

OKR 可根据“目标是否 100% 达成”分为承诺型 OKR 与挑战型 OKR（见图 4–1）。

承诺型 OKR		挑战型 OKR
有很大可能可完成，“够一够”	结果	需要很大努力才有可能，“要跳”
有成功经验可以参考	行动	需要尝试新的想法 / 行动
自上而下的承接	来源	自下而上的自驱
现有业务	范围	新业务

图 4–1　承诺型 OKR 与挑战型 OKR 各自的特点

挑战型 OKR 远远超越现有能力和绩效，实施者完成的信心不大。它既可以与 KPI 进行比较，也可以通过“信心指数”来评估。

与 KPI 相比：现行的 KPI 一般包括结果性指标与过程性指标，结果性指标主要指收入、成本、利润等，过程性指标主要指一些动作要求，比如完成培训、制定制度等。

1. 对于结果性指标，一般而言，承诺型 OKR 与现有的 KPI 保持一致。注意：OKR 不能低于 KPI。挑战型 OKR 可以参考：以 KPI 除以 0.7，设定挑战型 OKR 的目标。例如，年度收入 KPI 为 1 亿元，挑战型 OKR 可能设定为 1.4 亿元。挑战型 OKR 应远超过 KPI，但并不绝对以“0.7”为准则。高目标，运用的是“取法乎上，得乎其中”的原理。这与当下企业实际采取“两套目标”的做法相一致，而且更有利的是：让单个部门的“高目标”透明出来，牵引其他部门进行对齐，从而更好地推动其目标实现。

2. 对于过程性指标而言，挑战型 OKR 让大家回到“关注效果”层面。在传统的管理中，KPI 让大家只关注自身可控事务，而忽视工作应达到的效果。效果往往不是单一的工作或者责任人能影响的，它涉及很多方面，往往是“不可控”的。比如，“开展一次 OKR 培训，让所有人都能制定出合格的 OKR”，“开展”可能完成，但是“所有人都能制定合格”并不完全由培训者控制，还和所有人相关。

信心指数评估：信心指数用来衡量目标是否有挑战性。信心指数一般在 1~10 区间进行评估，越低越有挑战性。一般而言，挑战型 OKR 的信心指数在 7 以下。但是，我们不要误用信心指数，信心指数是一个沟通工具，对于 7 以下的信心指数，管理者要与员工沟通其“挑战点”在哪儿，这样既能促进管理者与员工就期望进行沟通，更利于让“挑战”显现出来，从而更好地解决。

目标的难度关系到如何对待“评分”。承诺型 OKR

应该 100% 达成，只有 100% 达成才算成功。而挑战型 OKR，达到 60%~70% 就算成功。为了更好地理解评分，可以对 KR 进行标注，区分承诺型与挑战型。

表 4–2　承诺型 OKR 与挑战型 OKR 的完成度与评价

完成度	挑战型 OKR	承诺型 OKR
0%~30%	表现不佳	表现不佳
30%~60%	平均表现	表现不佳
60%~80%	成功	平均表现
80%~100%	非常卓越，或不够有野心	成功

关注优先级排序

承诺型 OKR 往往来自上级目标的承接、现有业务关注的重点。承诺型 OKR 如果没有完成，可能对现行业务运作、生存带来一定的风险。挑战型 OKR，是自我提出、关注未来发展的，它有可能超越现有的能力、资源要求。

我们不能因为挑战所带来的兴趣、新奇感、价值，而将所有资源和努力都投入到挑战型 OKR 上，从而忽视承诺型 OKR。承诺型 OKR 与挑战型 OKR 的区别，更主要的是在两个方面：

1. 应将资源优先投入到承诺型 OKR 的实现上。当资源不足时，甚至可能暂停挑战型 OKR。
2. 不能忽视挑战型 OKR。如果本周期无法完成，下周期可以继续。

如何对待挑战性目标

1. 组织级的大目标。如果组织级目标是“10 倍增长”类型的，非常具有挑战性、突破性，那需要注意的是这种目标不能太多。一般建议 1~2 项，从而更好地集合组织资源、精力与注意力，“压强”以突破。比如，YouTube（油管）用一个“日均 10 亿观看时长”的目标来牵引所有人的努力。想想自己，我们是否曾有过这样的经历？我相信是有的。

2. 小团队的快速尝试。没有必要冒很大的风险，将资源孤注一掷投入一个未知之地；当然，创业企业除外。

成熟企业可以适当拿出一定资源，构建一个小团队，进行快速试验。它能让组织接受“小失败”的风险。我们清楚许多试验可能不会成功，但这种快速、适度、有轻微风险但信息量丰富的试验，既能让我们收获到经验，更有可能为长期收益播下种子。

3. 建立安全感。首先，要明确哪些是承诺哪些是挑战，要让员工不担心“没有 100% 完成”而受到惩罚。其次，逐步加大挑战，以小胜利来建立信心。最后，关注“为什么”，让员工明白“高目标”的意义和价值，不是为了挑战而挑战。

第五章

“只在线，不见面”：高维学堂的“三无”OKR

疫情危机下，在家办公、远程办公成为热门话题。

高维学堂算是线上远程办公模式的国内先行者，从 2015 年创办以来，一直都是采用线上办公，他们没有办公室，没有上下班的概念，没有打卡，没有 KPI，同事之间一年见不上几次面。4 年来，他们保持着每年 55%~167% 的业绩增长率，人效超过 300 万元。

说实话，即使在同一个办公室里，员工就在你眼皮底下，你一样会有担心：他到底在刷手机玩游戏还是在沟通？他是在发呆还是在思考？“面对面”办公有时都会让人产生失控的焦虑，更何况见不着管不到？

那么高维学堂究竟是如何应对远程办公之下的“失控”的呢？

远程办公下的必然选择

从 2015 年创业开始，高维学堂就误打误撞地开始了线上远程办公的方式，从最初的三五个人到 2021 年初的三十几个人，一直都是“只在线，不见面；只工作，不考核”，未曾改变。

疫情推动了很多公司的部分业务或者部分员工尝试远程线上办公，但国内像高维学堂这样彻底的不算多。这种工作方式像一个围城——外面的人觉得很好奇，想一窥究竟，又有很多顾虑。围城里面的人有的觉得“其实还好”，因为抛开形式不同，在办公室上班和远程云办公所需要的能力和素质差不多；还有一部分人觉得不适应，还是习惯有固定办公时间和地点的工作方式。

全员远程线上办公对于一个组织来说的确是不小的挑战，其中最核心的就是“目标管理”与“自我管理”。自我管理是基础，目标管理则贯穿始终。

最初的一年多，高维将全部精力放在如何打磨好产品、如何存活下来上，每个人的目标与方向都非常清晰且聚焦，因此并没有着急导入任何绩效管理工具，裸跑着也还可以。工具应该是为业务和组织而生，助力企业快速健康成长，而不是本末倒置，否则就是徒增了一堆内部管理成本。

但随着业务的发展，如何让分散在不同城市的小伙伴们力出一孔，成为不得不解决的问题。高维学堂一直提倡组织和个人交易的是成果，不是“时间”，没有上下班，没有打卡，从来没有人去问一天都做了什么。时间好管理，不管是“996”还是朝九晚五，都有明确的标准。可是成果怎么管理呢？你认为的成果和他认为的成果不是一回事，怎么办？

所以对组织内的目标和成果进行统一协调与管理，成为当务之急。

很多企业在使用的KPI，是以“如何考核个人”为起点，它所对应的环境，是静态稳定的，人被组织当作一种工具，要按照组织的要求来运转，目标和成果往往就是一堆冰冷的数据。这显然与高维学堂提倡全员“自我管理”的初衷背道而驰，与环境和目标动态变化的事实也不符。

有难题了就去寻找问题背后的知识，所幸高维学堂离知识很近，在2016年接触到OKR，并找到这个领域的专家姚琼老师，共同开发了一门高维学堂的线下课“OKR 实战工作坊”，颇受学友好评。

近水楼台先得月。在开发及迭代这门课的过程中，高维越发觉得 OKR 诞生的初衷与公司的需求与理念十分契合——OKR 的出发点是员工发展，而不是员工评价，推动大家从“要我做”走向“我要做”，主张个人与组织的共同成长。

远程管理到底要管什么，抓什么呢？答案是抓人效。

“抓人效”是远程办公的核心抓手。通过“抓人效”，高维的人效从不到 100 万元做到了超过 300 万元。

他们萃取了远程办公“两个提高和两个降低”的核心。

“两个提高”分别是：提高成果产出与协作效率。

“两个降低”分别是：降低沟通成本与管理成本。

这两个核心如何能有效落地呢？ OKR 是一个很好的工具和方法。它关注成果而非任务，它强调对齐与协同，它追求结构化设计与公开透明，这些特征正好可以很好应对这“两高两低”。

基于此，高维学堂在 2016 年底正式全员导入 OKR，作为当时高维学堂唯一的“目标管理工具”，十几位伙伴先通过上课和阅读姚琼老师的书了解知识，进而同频认知，形成共同的话语体系，当然，在理解上肯定有差异，但随着使用的深入，都在实践中不断加深对 OKR 的理解。

回顾起来，高维学堂导入 OKR 的过程有三个特别的“没有”：

1. 没有财务数据作为目标怎么定 OKR？

2. 没有在一起怎么定 OKR？

3. 没有考核怎么用好 OKR？

接下来就从这三个方面逐一解读高维学堂的 OKR 成功之旅。

没有财务指标和清晰的业绩指标，怎么定 OKR？

导入 OKR 时，高维学堂刚创立两年多，正处在原点期，通过冯卫东老师的课程“升级定位”，创业团队认识到，这一阶段最主要的是关键商业假设的验证，这一阶段的认知成果重于商业成果。要尽快跑通价值假设和增长假设，警惕虚荣指标。

虚荣指标是指那些看上去有用但会对实际经营产生负作用的指标，非常浅层，比如“网站访问量”。如果达成了访问量，但是 100 个访问却只有 1 个点击呢？比如总营业额，这只是一个结果，如果不知道因为什么产生了这样的结果，就无法科学有效地指导实际行为。得益于一直在开发“科学创业系列”课程，高维学堂在创业中能不断获得科学认知，少走了不少弯路。

基于这些认知，创业团队真正理解并遵守了 OKR“最好不要跟钱直接挂钩”的使用原则，也不考虑用财务指标作为 O 来牵引大家的行为。

用财务指标作为O没有对错之分，关键在于适不适合。对于还在验证期或者原点期的企业来说，首要任务是搞清楚产品或服务对用户到底有没有价值，有多大价值，而不是盲目激进地追求财务成果，这时的财务指标往往就是虚荣指标，带来的是短期增长，却损耗了企业长期存在的价值。

坚守这个认知并不容易，一不小心就容易"忘"。举个例子，2018年制定公司OKR的时候，高维学堂已经完成了多城市并发运行的产品、运营、系统的验证，所以就有伙伴开玩笑地提出要实现营收1亿元的目标，目标若实现，奖励大家去夏威夷度假。

创始人也是1号产品经理跳出来，反对用财务指标作为公司的O——财务指标是结果指标，在过程中给予关注即可，应该更多地关注用户，关注他们的学习体验，关心他们怎么能做对的关键决策，这些才能真正为用户创造更多价值，才是高维学堂全员应该追求的O。

最后他们定了第一个O：新增2万人次学友参加公开课，而且在拆解的KR上进一步牵引大家关注用户满意度和推荐率。为什么不是学友数量，而是人次呢？

1. 牵引大家关注复购率：因为搭建科学创业知识体系，应该帮助学友掌握各个模块对应的知识，而不是单一课程。后来，又把这个O进一步迭代成关注活跃企业数。

2. 牵引大家关注影响力：是否持续地影响更多创始人加入科学创业的行列。

3. 牵引大家关注推荐率和满意度：检验产品对用户价值几何的核心指标，是他们上完课之后，是否愿意推荐给他人。

同时高维学堂还定了第二个O：通过深度服务，促成学习后落地率达到40%，打造50个高成长学友企业快速成长的成功案例，进一步牵引大家关注用户价值。

表5-1 高维学堂2018年OKR

序号	年度目标（O）	年度关键结果（KR）
1	新增2万人次学友参加公开课	通过品牌活动、渠道合作、线上产品、优质内容分发、老用户运营（线上线下分享）等，触达2000万潜在目标学员
		通过提供极致服务、优质产品体系、系统报名体验的优化等，学员推荐率提高50%，复购率提高50%
		通过品宣、学员推荐，获得30名以上班主任候选人，老班主任成功孵化培养新班主任10人
2	通过深度服务，促成学习后落地率达到40%	通过学员档案有效跟踪记录及采取有效运营方法，学员学习落地率达到40%
		每个城市每年举办10场落地会，并100%传播触达学员，触达潜在学员10万+
		每个城市至少帮助10家学友企业，帮助企业增长率不低于100%

（续表）

序号	年度目标（O）	年度关键结果（KR）
3	构建能够支持业务增长的产品、技术、运营（品牌）、财务运行体系	通过优化班主任小助手功能、财务系统、班级管理工具提高班主任工作效率，节约1/3事务性工作时间
		保证学员数据准确性达到95%以上（包括小红花、年级、学习记录、推荐记录等），优化复训申请、报名便捷性，课程信息查询等功能的自助服务的体验感，年度总投诉量不超过120个
		完成课程的小组选师 / 开发 / 上线 / 迭代流程建立，保障每季度有3门线下小课上线。线下课有2门往百人课方向迭代，开发至少6门深度微咨询服务课。线下产品上线并实现放量，单品订阅过万份
		完成课程运营和用户运营两个流程，投入使用并验证成果，持续迭代
4	构建赋能型组织，每个中心保证人才获取机制，打造培养体系及学习分享文化	各中心完成人才的选、用、育、留机制，搭建高维人才体系
		根据岗位职责和胜任力要求，制订个人学习计划，实施率达到70%以上
		根据团队成员最感兴趣的核心工作技能进行研究，每年总结出1~2个方法论做团队分享；每个团队成员每年至少参加1~2次自己研究课题的外部培训
		1~2个月举办一次读书分享会

第三个O和第四个O则是为了实现前两个O而做的基建工作以及赋能支持。

两三年过去了，回看当时的OKR，虽然形式上仍有待改善之处，但对实际经营和全员动作都有着重要的指导作用，甚至是和高维学堂的企业文化（以用户为中心，以贡献者为本，长期主义，知行合一）都有着一脉相承的紧密结合。而商业成果，并没有因为没在 O 中体现而拖后腿，相反，却有着不错的成绩单。

没有在一起怎么定 OKR？

高维学堂全员一年基本上只有两次集体相聚的机会（年中和年尾），2020 年因为疫情，一次都没聚上。所以如果寄希望于拉大家进会议室，面对面开几次会确定 OKR，基本是不可能的。虽然线上也可以开会，但小范围讨论还行，如果是全员，可能比较低效。

前两年年底，大家聚在一起几天的时间，核心目的就是定出公司、各小组的年度 OKR 和一季度 OKR。先由 CEO 团队和业务负责人商讨一轮，拟一个公司的年度 OKR；然后全员分享，再由各个小组的负责人和组员据此拆解各小组的 OKR，最后到个人 OKR。

这样定 OKR，流程上没问题，但问题在于有效性。年底一复盘，一半的 O 都没聚焦落实，而很多工作和成果又不能包含在 O 里，长此以往，OKR 作用越来越弱。那问题出在哪儿呢？

出在对 O 的理解与研讨不够充分。公司年度的 OKR，O 是关键，它是灯塔，应该能有效牵引大家到达目的地。公司的战略如何体现在 O 里，转化得还不够熟练。那么就可能干着干着，就插入其他目标，好像非得有 10 个 20 个 O 才够，四五个 O 哪里装得下我们的雄心壮志呢？

意识到问题之后，高维学堂在 OKR 的制定，尤其是 O 的制定流程上有了两个改进：一个是知识的补充，一个是形式的优化。

补充什么知识呢？

补充如何定战略的知识，这是定好 O 的前提。没有这个，工具用得再熟练，可能都是白忙活一场——在错误的方向上使力。

这个知识，也不是哪一本书哪一门课就能完整呈现的，需要“主题式的学习”。比如，“德鲁克的事业战略”“业务领先战略”“升级定位”，这几门是高维学堂精心研发的战略相关课程，代表的是不同维度定战略的先进方法论，既各有侧重又能互相打通。

自己研发的“菜”，吃起来更有信心和底气，省去了挑选知识的过程。串起这些科学方法论之后，O 怎么定的难题就能迎刃而解了。

事实也的确如此，其中对高维学堂影响比较大的是“德鲁克的事业战略”，刷了几次线下课之后，恰逢年底，团队成员所有人做足功课，在老师的帮助下，高维学堂打通了任督二脉：抓住了一个至关重要的机会点，而且进一步明确了高维学堂的使命与责任——把贵族化的商学教育和产品平民化，用一系列的科学创业产品助力企业加速成长。

这个辅导可以说是里程碑式的，未来几年的战略目标都清晰起来。战略清晰了，接下来就是把它转变成组织的要事，也就是年度的四个 O：

- 其中有 2 个 O 围绕至关重要的业务展开：一个 O 是把高维学堂的基础业务“公开课”做扎实，突破增长关；一个 O 是把抓到的新业务机会点验证清楚，并持续放大。
- 另外 2 个 O 是在为业务和组织赋能：一个 O 是做强高维学堂品牌；一个 O 是构建后台自运行系统，为前端业务装上技术引擎，实现高效可持续的运转。

可以说，对比以前，这四个 O 每个都掷地有声，也较为清晰地确定出了要事和方向，全员的目标与成果都能从中找到关联和着陆点了。

而跟这四件要事不相关却又占据资源的任务，就得做删减和调整，前进过程中插进来的任务，也必须是跟要事相关联的。

以前不敢聚焦和取舍，是缘于对既有战略目标的不确定，生怕错过什么大好的机会，都想试一试，所以 OKR 常常被插队。现在敢于做减法，是缘于对战略目标的自信和期盼，OKR 成了大家航行的方向盘，时时握在手中。

形式上如何优化呢?

高维对两个方面进行了优化。

第一个是时间和节奏的调整。以前做 OKR 是集中几天搞定，可想而知，后面返工的概率会很高，现在会有意识地拉长前面准备的时间，不再追求一站式的集中搞定。在哪些地方应该多花时间，哪些地方可以延长时间，都更加清晰。

第二个是流程上的迭代。

首先，在每年 9 月份左右，轮值 CEO 就会组织相关伙伴就来年的战略和要事，分成不同专题，进行预热讨论。

其次，在这个过程中，肯定会有一些结论及难点，再由相关负责人主导思考和讨论。当有了基本的雏形之后，CEO 团队和要事负责人聚到线下，集中花上两天的时间，对来年的战略和要事，基于之前的准备和思考，最后进行充分研讨并确定。如果还是有一些关键的 O 有疑问，会直接向老师咨询。

再次，当 O 确定后，再通过业务策略研讨会把 KR 定出来。

最后，当定好公司年度 OKR 之后，每个要事的负责人就带领伙伴们做出要事分解表。

这样迭代优化下来，公司在如何定 O 上，前进了一大步，也找到了 OKR 能指引大家方向，由组织共创，由大家合力实现的感觉。在这里，给大家分享高维学堂自己总结出来的四种“科学定 O”的方法。

O（目标）制定的五大要求：

1. 目标要鼓舞人心

2. 要有可达成的挑战目标

3. 需要本季度可执行

4. 要团队 / 本人可控

5. 要对公司整体业务有价值

O 的制定是开完战略共识会后的要事，即公司的 O 是公司的战略要事。制定公司 OKR 的 O 可以参考如下几个方法论：

一、战略定位方法论

品牌生命周期可划分为五个阶段：原点期、扩张期、进攻期、防御期、撤退期。不同阶段应该做不同的事情，从而最大化品牌生命周期价值。

原点期：是关键商业假设的验证阶段

经营要点：

①认知成果重于商业成果，拒绝虚荣指标

②降低固定成本投入

③克服对新品类/新品牌的初认知挑战

④降低潜在顾客的进入门槛

扩张期：要迅速转化原点顾客，获得第一波商业成果

经营要点：

①无争地带扩张

②有序扩张，升级信任状

③大力传播热销信息

进攻期：要转化领导品牌的部分顾客，获得更大的商业成果

经营要点：

①攻克领导品牌优势中的固有弱点

②聚焦产生局部兵力优势

③及时传播胜利消息

防御期：品牌主导某个定位后的防御战

经营要点：

①加强专用配称，引领创新提升竞争壁垒

②如果对手先做出了创新，放下自尊果断跟进

③主动推出新品牌攻克自己优势中的固有弱点

④维护和做大品类，或者将主导的特性品类化

撤退期：战略主动求变，最大限度地将品牌生命周期的现金流折现，并确保资源及时有效转移到新机会上

经营要点：

①减少品项、降低成本、控制研发投入和方向

②及时进入新品类，并启用新品牌

二、《管理的实践》八个关键领域的目标

德鲁克在企业战略方面，最大的贡献是提出了目标管理的概念。在他声誉卓著的《管理的实践》一书中，德鲁克提出了八个关键领域的目标：市场地位、创新、生产力、实物和财力资源、获利能力、管理者绩效和培养管理者、员工绩效和工作态度、社会责任。具体见《管理的实践》第七章“企业的目标”。

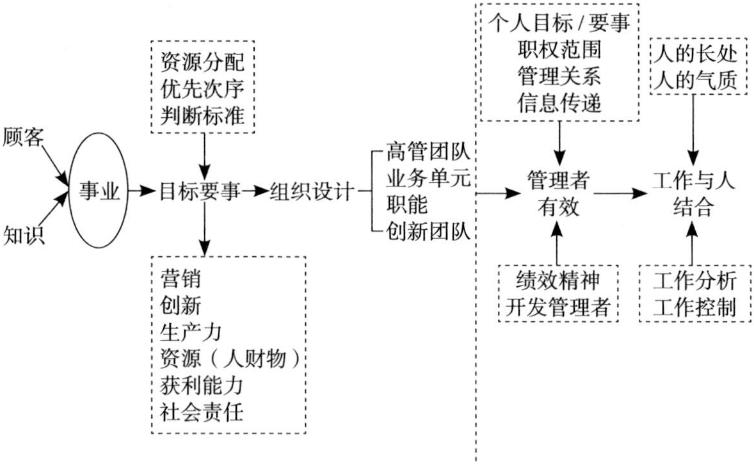

图 5-1　目标管理示意图

资料来源：高维学堂欧阳开贵 & 邓良老师主讲课程“德鲁克的事业管理”。

三、华为"五看三定"战略管理

1. 战略洞察：五看（看行业/趋势、看市场/客户、看竞争、看自己、看机会），输出战略机会点

2. 战略制定

3. 战略展开

4. 战略执行与评估

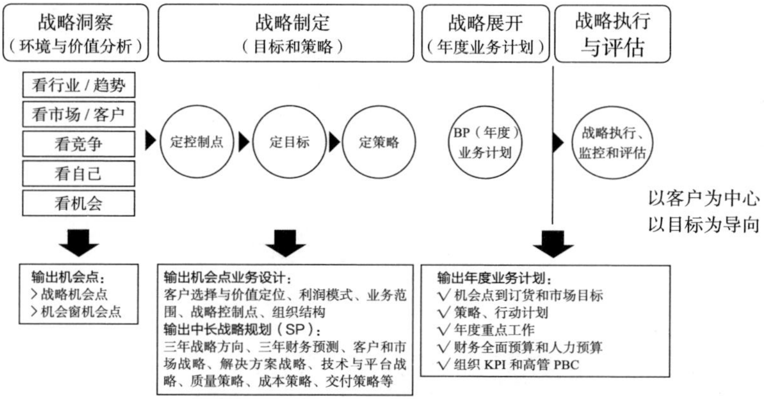

图 5-2 华为"五看三定"示意图

资料来源：高维学堂汪瀛老师主讲课程"业务领先战略"。

四、平衡记分卡的四个方面

平衡记分卡的设计包括四个方面：财务角度、顾客角度、内部经营流程、学习和成长。这几个角度分别代表企业三个主要的利益相关者：股东、顾客、员工。每个角度的重要性取决于角度的本身和指标的选择是否与公司战略一致。

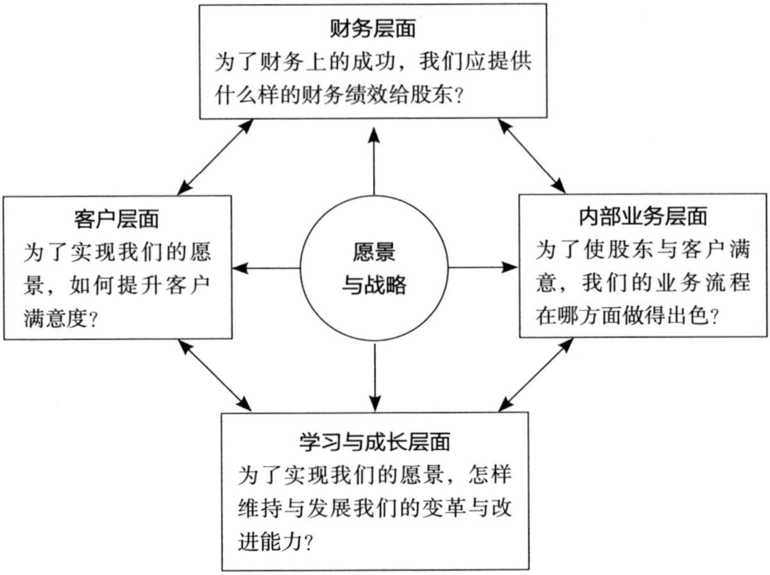

图 5–3　平衡记分卡模型

没有绩效考核怎么用好 OKR？

OKR 要想真正有效，是需要跟考核脱钩的，至少在刚开始推行的时候是这样。那高维学堂的绩效怎么评估和考核呢？

事实上，到目前为止，高维学堂都还没有做过正式的绩效考核，基本是按照德鲁克的一套知识（卓有成效的管理者、管理的实践），相信人的潜能是可以被激发的。并以此为出发点，做一些贡献价值评估和项目激励，比如专门在企业微信里开发了一个应用“贡献宝”，包括 OKR 基金、棒棒糖、股权三种激励方式。

高维学堂“OKR 基金”

OKR 基金从引入 OKR 之初，就一起被设计进来了。首先，它是钱，但不是用来考核的钱，而且金额不多，且不能直接提现，可以用于买书、学习和年会期间用于家属旅游，相当于趣味化的奖金。其次，每次 OKR 得分排名靠前的，才能获得这个 OKR 基金。这个基金一直运行到 2020 年。

但是 2021 年开始，高维打算取消 OKR 基金，为什么呢？

OKR 评分很难做到对所有人公平。比如，有些伙伴设置的目标挑战性高一些，或者本身任务难度就大一些，那么单纯看 OKR 完成度来打分，显然是不够合理的，也违背了 OKR 提倡的评分不与绩效挂钩的精神，不利于目标的实现和激励大家去设定挑战性目标，更好地创造价值。

所以，在 2021 年最近一次的 OKR 迭代中，高维意识到这个问题，并改进了这个机制，改用各种各样有趣的“荣誉激励”。比如最快制定并校准公示出自己 OKR 的“OKR 快枪手”、季度复盘会上最积极反馈意见的“OKR 最强大脑”、本季度要事目标达成最好的“OKR 最强狙击手”等。

而高维学堂自己开发的一个激励工具能够很好地解决现阶段的“激励”问题，它的名字叫“棒棒糖”！

高维学堂“棒棒糖”

棒棒糖是高维学堂专属的跟“项目制”匹配的一种内部虚拟货币形态：2020 年，公司开始推行全员项目制，牵引大家把成果和贡献用项目的方式体现出来。

项目分两类：业务型项目和投资型项目。业务型项目直接根据成果来分钱，投资型项目分的则是棒棒糖。棒棒糖对应的也是钱，每半年提现一次。每根棒棒糖的金额根据当年的经营业绩在一定比例范围内上下浮动。

项目分不同级别，有公司级别的战略项目，也有个人主导的小型项目，分别对应不同数量的棒棒糖。项目经理根据规则申请相应数量的棒棒糖，由项目委员会确认，一旦项目结项，棒棒糖即可到账。

2020 年年底，公司取消了年终奖金，改为兑换棒棒糖，全员首次体验了一把拿棒棒糖当钱花的快乐，兑换了一年主导项目或参与项目累积下来的棒棒糖，大家都惊叹道：“秒到账，好神奇啊。”另外，棒棒糖还可以在内部相互转赠，比起发红包，仪式感和专属感都强很多。

当然，目前这种考核激励方式肯定不是永久性的，只是现阶段比较适合高维学堂。暂时不需要将财务目标作为主要牵引，而是通过一些机制设计，鼓励大家尽可能地创造增量价值，不断把蛋糕做大，最终达成更高的目标。

定好 OKR 后，怎么让它发挥最大效用？

用多元化知识保驾护航

定好 OKR，只是第一步，如何落地发挥作用是它更难的部分，也是只学知识无法体会到的部分。刚开始全员学 OKR 时，同学们都觉得这门课程结构很清晰，理论和工具都有，还有很多成功的案例，好像不难嘛！但回头再看，只能说是“无知者无畏”。从定 OKR 到定好 OKR 之间，隔着定战略的能力；从定好 OKR 到落地好 OKR 之间，则隔着更深的鸿沟。

首先，理解高维学堂为什么选择 OKR 来作为大家的目标管理工具，需要有其他知识的输入。比如高维学堂全员必须要通读且反复学习德鲁克的《卓有成效的管理者》（因为 OKR 就是来源于德鲁克的目标管理），明白每个人都是自己的 CEO，明白什么是贡献什么是成果……用这些认知打底，才不会机械地认为 OKR 是自上而下发布的一套控制型工具，也能感受到 OKR 的确更适合高维学堂。

其次，在定个人 OKR 以及回顾的时候，如何让大家不是在单纯执行，而是主动思考，敢于挑战？这也需要其他知识的输入，比如用教练式领导力的方法，从命令变成引导，从被动变为主动。平时的复盘，及时发现问题总结经验，都需要有效的沟通方法。

最后，如何让定出来的OKR有效落实，出成果？高维学堂结合了项目制，在2020年那个难忘的疫情春节期间，全员线上集体学习了郭嘉老师的“极简项目管理”课程，每天默写项目管理的“如来十掌”，打卡互动，为接下来推行项目制打好了基础。用项目的方式来承接重要的O或者KR，还可以把要事和关键动作项目化，明确目标成果、节奏、负责人、成本、风险以及激励，用科学的项目管理方法论支撑OKR的目标管理实践，能最大限度地保障重要项目的成功与目标的落地。

重视战略目标和要事的解读

OKR强调的是共创，共创的前提是全员对方向和目标的理解一致。尤其是高维学堂这样的创业公司，公司的战略和每个人的距离并不遥远，让每个人都知道为什么公司今年定了这几个目标，定了这几件要事，是OKR顺利完成的前提。

在这一点上，公司也在不断地完善迭代。比如：在定战略的时候注意自下而上地收集与反馈；把要事描述得更加清晰生动；把一些复杂的变动图示化，包括在企业微信里用TAPD（腾讯敏捷产品研发平台）来挂出公司的 OKR，以及同步用一张要事管理表实时更新进度。

设定轮值 OKR 大使

在高维学堂，每个部门会有一位 OKR 大使，主要负责管理本部门的 OKR 推进情况，组织大家定期回复并进行记录与反馈，然后再和其他部门的 OKR 大使一起，定期进行公司 OKR 的回顾，其他部门对 OKR 有疑问或者有建议，都由 OKR 大使进行回应和反馈。

这个大使是轮值的，每位伙伴都有机会担任一个季度的 OKR 大使，到期也可以提出理由申请连任。这个轮值机制可以让全员更深刻地理解 OKR，甚至可以更好地理解公司的业务与目标。他会感觉在这一个季度或者两个季度里成了本部门 OKR 的主人，从以前只关注自己的 OKR，到关注其他伙伴的 OKR，以及关注本部门的 OKR 有没有承接住公司的 OKR。

比如高维学堂有一位伙伴晓悦，她是最早担任 OKR 轮值大使的伙伴之一，负责收集、制定、讨论以及全员的宣讲，整个过程中成长飞速，她认为：原来大多数时候只关注自己的工作范围，是一个点，最多延伸至本部门，但是担任了公司的 OKR 大使之后，充分参与了公司战略的讨论制定，全局地图一下子展开，是一个完整的面。

而这种看到面的体验也让她对自己的工作有了更全面的理解，对其他伙伴的工作也有了更多的认知，从而更好地协同发力。所以对她来说，轮值 OKR 大使不仅仅使她学会了怎么制定 OKR，更激发了她的潜力与能动性。

当然，要做到使每位 OKR 大使都能获得这样的成长，并不容易。因为一些伙伴包括新伙伴，对 OKR 的理解与消化相对缓慢，往往会出现一些误区，把 OKR 大使的工作简化成记录与汇报。而这个现象的出现肯定不只是个人的问题，需要同事和直属上级及时提出并反馈。

复盘 OKR，警惕变成日常工作汇报

OKR 的特点之一是“动态管理”，需要定期进行个人 OKR、部门 OKR、公司 OKR 的复盘。高维学堂以前是每两周每个部门内部进行一次复盘，公司整体每月进行一次复盘。复盘会主要是对齐认知、回顾过程、分析得失、发现问题、讨论反馈（审视目标及成果、回顾过程、分析目标问题、总结经验）。

但这样频次的复盘有明显的不足：每次复盘更多是在同步信息，如果平时业务关联不是很大，基本上很难得到其他部门的要点，尤其还是在线上开会，几乎没有什么反馈和讨论，同步完

信息就结束。把关键的 OKR 复盘会议开成了枯燥的走流程例会，肯定是哪里出问题了。

复盘之后，问题的归因，首先还是在于源头——OKR 的制定。如果从公司年度 OKR 拆到个人 OKR 的过程中，目标越来越弱化，导致个人感知不到公司 OKR 跟自己的关系，甚至某些部门也无法感知公司 OKR 跟部门之间的关系，就极有可能把 OKR 定成日常工作计划。到了回顾的时候，自然就把复盘变成工作汇报，而不是基于共同的目标复盘动作、成果和问题。

所以要改变这个问题，仅仅改变一些流程或者复盘方法是不够的，更重要的是回到起点，思考 OKR 有没有做到全员目标管理，目标也就是 O 是否自上而下是清晰和相对确定的。否则越往下拆越经不住考验，大家对公司的目标承接越往下联系越弱；而且在 OKR 落地的过程中，还常常出现插队或者目标变动过于频繁的情况。

其次，如果目标制定已经找到科学的方法，能清晰反映出公司的战略方向，那么在具体的复盘上，可以定期收集大家对于复盘形式、频率和方法的反馈，及时动态迭代。高维学堂就正在经历着迭代的过程，努力将复盘会议开到点子上。

每次复盘的重点应该是重要 KR 的推进情况、遇到了哪些阻碍、需要哪些协助、接下来打算怎么做，这些都需要提前认真对照和思考，而不是停留在信息同步上。尤其是要敢于紧盯目标，追问跟目标相关的负责人：你所设定的O能有效支撑实现公司的O吗？你定的KR能有效支撑实现O吗？避免用过程的忙碌与勤奋，掩盖对成果的思考与追求。

所以在2021年4月份的时候，公司重新迭代了一版OKR复盘会议如何开得更高效的提示。

高维学堂OKR复盘会议最新规则

一、复盘会目的：

1. OKR实施校正，确认目标是否合理，关键结果是否有效，是否需要根据实际和环境变化刷新目标，及时调整确保OKR目标的有效实现；

2. 从过去的经验、实际工作中学习，帮助大家有效总结经验，提升能力，实现绩效的改善。

二、复盘会要点：

保持开放，坦诚真实地表达；聚焦行动，而不是个人评价；

反思自我，追根究底，找到问题的根源；

欢迎伙伴参与反馈、给出建议。

三、会议设置：（供参考）

- 参谋员：对于实现这个O，还有更好的策略建议吗？
- 协助员：对于实现这个O，我们还可以提供哪些支持？
- 观察员：目前的行动是否聚焦，从外部视角给予反馈。

四、会议时间规划

1.1/4 时间用于总结哪些做得好；

2.1/4 时间用于分析进展不理想的原因；

3.1/2 时间用于探讨接下来应该用什么策略去实现 OKR 目标。

OKR 的落地，是一个长期持续的过程。它的诞生，解决了新型组织尤其是创新型、知识型企业如何做目标管理的难题。它的原理和方法并不复杂，但真正用好却绝非易事。

虽然高维学堂推行 OKR 已经有三四年的时间，但仍处在不断完善迭代的过程中。而且正处在原点期与扩张期交界处的高维学堂，组织架构也在不断调整，以适应战略机会与要事的变动。所以部分探索型新业务 OKR 的动态调整，尤其是 KR 的调整，仍是常态，在实践中常常需要推翻重来，反复思考与研讨，以找到最能支撑 O 实现的要事与路径。

未来，共识也将在以下方面继续改善优化：

第一，现在虽然在公司和部门的 OKR 上有进步，但如何让每位团队成员都能更好地制定自己的个人 OKR，还需要进一步探索。

第二，OKR 定出来之后，如何才能更有效地落实和推进？这当然不只是 OKR 的问题，但 OKR 可以成为及时发现问题的仪表盘，比如目标偏离了，哪件要事遇到困难了等，其实都可以在 OKR 定期复盘的时候观察到。

第三，让要事负责人能成为合格的 OKR 教练，确保相关 OKR 的推进实施。

OKR 已经成为高维学堂日常管理运转的重要组成部分，它让这个“奇葩”的全员远程异地办公组织能有序前进，目标与要事都有了归属，能及时共同复盘前进中的难题与经验，商讨解决办法与思路。

姚琼工作室的建议

远程工作 OKR 使用关键

OKR 的结构化、以成果为中心、以数据为基础、透明等实践要求，可以帮助解决远程工作中可能遇到的最大难题：清晰度、重点和一致性。但在实施 OKR 过程中，也会面临一些挑战。

OKR 共创会

在共创会中，“跨距离的合作”会导致员工产生参与感很低的问题，从而将“集体智慧”变成“几个人的活动”，降低共创的质量和价值。

建议：

- 预先头脑风暴：收集所有人关于“优先级”的想法，当然在收集之前，可以准备相关资料来参考，比如公司使命、愿景与总体目标，或者关键问题列表，从而让大家有一个相对一致的思考背景或框架。注意，一定要有一个截止时间，并及时将收集到的相关信息共享出来。有必要的话，甚至可以安排 OKR 大使针对那些“不明确”的答案进行访谈，加以澄清。
- 做好讨论准备：团队人数过多，长时间“静默”，非常容易让人分心，而且不被察觉。所以可以提前规划好分组，安排好组织者，每组人数不要过多，5 人左右，同时还要提示“开着视频、音频”。在技术上，如果能有共享白板或共享文档会更佳，这样更有利于讨论。
- 文档是关键：在研讨会之前向所有参与者发送一

份准备好的议程和 OKR 撰写标准，以便每个人都能适当地准备。在研讨会期间，把所有的讨论都写下来，确保没有丢失信息。在研讨会结束时，记录成果并将其发送给所有参与者，以便他们能够轻松地继续使用这些成果。这也将在以后的回顾中对组织者有所帮助。但是不必花太多时间来琢磨完美的表述，清晰就够了。

OKR 共识会

除了常规共识会需要解决的上下对齐与左右拉通的问题，“启动”往往是最容易被忽视的环节。OKR 共识会，代表着旧周期的正式结束，同时也是新周期的开始，它能推动员工的责任感。

建议：

- OKR 在线工具是解决对齐最有效的工具。在共识会之前，OKR 大使务必提醒员工关注：及时 @ 他人、及时对他人 @ 进行回复、浏览目标对齐视图。我们甚至可以组织“OKR 评选”等类似活动，来拉动大家对其他人工作的关注。

- 共识会是一个很好的展示领导力的机会。最高管理层应该积极参与，提示长期战略及短期优先级。同时，还可以添加一个庆祝环节，以纪念旧周期的结束、迎接新周期的开始，激发员工动力。
- 让参与者快速对目标价值、重点及关键支持、风险进行概述，既能强化员工的承诺，也能加强员工与组织和其他部门之间的联系。

OKR 回顾会

远程可能导致大家的纪律感与毅力减弱，甚至不能随时随地沟通或见面，会让员工的不安全感加强。人与人之间的互动能够帮助我们应对压力。记住：不要担心沟通过度，我们应该担心的是沟通是否是大家想要的。

建议：

- 每周回顾比以往任何时候都重要。与你的团队讨论什么可行什么不可行，以及你将采取什么措施。这将自动地让你不断进行改进。

- 尽量将每周回顾的时间固定化，以便团队成员腾出时间，做好准备。在回顾前，要求团队成员更新进度，并及时查看进度，进行线上反馈。
- 建议使用信心指数，通过团队成员分享的信心指数，观察和了解团队成员的情绪和状态。
- 回顾中，将“需要开始什么、停止什么和继续做什么”结构化，让大家分享工作想法。

OKR 复盘会

远程工作，在进行复盘的过程中，可能会危及团队的信任和情绪安全。究竟是因为工作的努力程度不够导致未完成目标，还是其他原因导致未完成目标，团队成员会担心管理者产生“错误判断”。

建议：

- 基于同理心和信任的领导风格，是确保团队的心理安全的关键。在评估结果和分析未实现目标的潜在原因时，要明确哪些是受外部因素影响，哪些可能受远程工作影响。当是远程影响的时候，要与员工坦诚讨论未来可解决的措施。

- 对于未完成的目标，可以适当延长实现目标的时间，要与成员就目标完成的时间达成一致。未完成目标不可影响下阶段目标（除非没有必要了），从而强化远程的责任感。
- 要求每个成员分享季度的学习与工作反思、见解。这些分享可以提前准备，让团队成员可见，由团队成员推选部分主题，在 OKR 复盘会上讨论，甚至可纳入未来团队改进计划。
- 要有庆祝仪式，展示团队已取得的成果。当然，也应公开对团队成员表达认可，通过认可来展示团队的价值观和人才标准。

远程工作，关键是要强化“以成果为中心”。虽然 OKR 公开透明可以强化沟通，但我们要记住：永远不要忘记定期进行团队沟通。它能降低员工的不安全感，形成团队意识。

第六章

OKR需要本地化：天然工坊“OKR铁三角”运作体系

我们是一个互联网公司，我们会特别强调创新。如何给大家更好的创新环境并保证员工的创新不是个人乱创新？创新要和部门乃至公司的目标关联起来。这时候 OKR 就会给大家一个很好的赛道，让大家知道公司关心的和部门关心的事情。

——天然工坊创始人苏路江

天然工坊实施 OKR 的背景

2015 年 12 月 16 日，天然工坊电商平台正式上线运营，这是一个移动电商平台，以“天然、健康、环保、实惠”为产品理念，定位是销售天然健康的生活用品，为消费者提供买得起的健康生活好物。2020 年，主打产品竹妃纸巾销量达 6.6 亿包，天然工坊电商平台的会员已突破 3200 万。

作为一家中部地区的中小型互联网企业，天然工坊在快速发展的过程中也面临诸多挑战与考验。其中比较显著的一个问题是，组织内部人才专业化程度不高、职业化程度不够，员工在工作中常常以被动执行为主，缺少创造力与自驱力。

天然工坊早期通过“大事件”来管理公司目标的落地、执行与考核。“大事件”指的是“在前一年年底做完总结、做第二年规划的时候，把需要做的事情全部规划出来，列出重要时间节点，放在一张表格中，时常拿出来看，提前做准备”。但随着公司人员增多，部门间相互协作越来越频繁，这套方法已无法满足日益复杂的团队目标管理需求，且容易出现各部门核心目标与公司大目标偏离、被繁杂事务牵引和限制的情况。

2019 年，天然工坊核心团队通过创业营平台接触了 OKR 目标管理工具，个别部门回来后曾作为试点运行过一段时间 OKR，发现对部门目标管理水平有明显提升作用。经过多次沟通，领导层达成共识，确定正式引入 OKR 作为公司的目标管理工具，并明确分工由 HR 部门推动 OKR 的导入与落地执行。

2020 年 6 月底，天然工坊各部门 / 项目的主要负责人参加了 OKR 项目启动会，其他同事通过线上直播全程观看。启动会上，高管亲自分享引入 OKR 对公司的意义并发布学习计划。

随后公司发布 OKR 的相关图书与视频资料，计划全员用一个月的时间自行完成学习，确保所有人同步知晓 OKR 理论知识。

2020 年 7 月底，天然工坊举办了为期两天的 OKR 工作坊，公司中高层全程参与，其他同事通过线上直播观看，在姚琼老师的帮助下全面了解 OKR 的基本运作方式和操作技巧，建立对 OKR 管理模式的统一认知，并共创出公司第三季度的 OKR。

2020 年 8 月，姚琼老师指导天然工坊四个部门进行部门级 OKR 的改进和完善，帮助大家在实际操作中加强对 OKR 的理解和运用。

表 6-1 天然工坊项目实施方案

工作模块	工作内容	目标和输出	学习方式	工作日	计划时间
T1：项目启动 & 预热学习	启动会，学习图书 / 视频 / 文章	统一思想，提前导入知识	线上自学	/	6 月下旬至 7 月下旬
T2：OKR 导入	1. 管理团队 OKR 工作坊	建立对 OKR 管理模式的统一认知，掌握 OKR 相关技能，共创公司级 OKR	线下上课 + 线上旁听	2 天	7 月 24 日至 25 日
	2. 部门 OKR 落地会议	部门陈述、教练和领导点评，核心部门逐一辅导通过部门 / 个人的 Q3OKR（市 / 品 /IT/ 产）	现场辅导	3 天	8 月 5 日至 7 日
T3：OKR 复盘	T3：管理层 OKR 复盘	Q3OKR 实践情况复盘与辅导	现场辅导	1 天	10 中下旬

有了 OKR 专家的指导帮助和领导层的大力支持，加上针对不同伙伴的不同宣导同步方式，公司成功导入了 OKR 目标管理系统。在之后推进 OKR 的过程中，天然工坊没有直接照搬其他公司运作 OKR 的经验，而是不断总结迭代，在 OKR 的通用基本原则和规则之上探索出一套富有天然工坊特色的 OKR 运作体系（见图 6–1）。

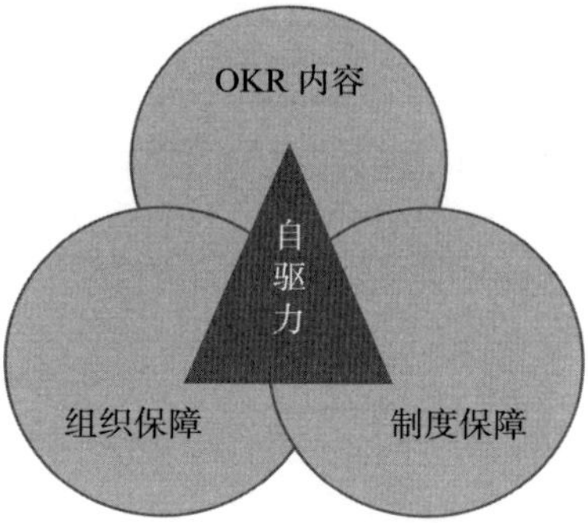

图 6–1　天然工坊 OKR 运作体系示意图

中心点：自驱力——OKR 是培养自驱型员工的优良工具

当下的市场正处于移动互联网时代向数字化时代的转变过程中，动荡、无常、复杂、模糊是这个时代的主旋律，我们无法预测未来的业务逻辑和业务结果是什么，因为风向时时刻刻都在变。企业要想在这样变幻莫测的市场中生存发展，需要员工顺应时代变化，自发、自驱地创新挑战，这并不是一件容易的事。

现代成功学和励志学认为，人的成功，最大的要素就在于其个人强大的自我驱动力。当员工愿意融入公司的文化与工作环境时，他就会表现得更加积极，主动学习，从而为企业创造不可估量的价值，实现自我的成功。

每个企业都希望能够招到有自驱力的员工，但是这样的员工却是凤毛麟角，“企业不是我的，我只是一个打工的”是大多数员工的想法。如何改变员工的“打工仔思想”、辅助员工产生自驱力是企业领导者一直很关心的一个话题。

自驱力是天然工坊 OKR 运作体系的中心点，也可以说是中枢神经，但它并不神秘，而是可以通过合适的环境和引导加以培养的。相当一部分员工迷茫的原因，不是他本就愿意碌碌无为，而是不知道朝什么方向努力，一旦明确了目标，他们就会爆发出强大的能量。OKR 就是这样一种引导员工将个人价值实现与公司发展目标一致化，帮助员工强化目标感和成就感的优良工具。

天然工坊的小陈同学这样陈述 OKR 对员工产生的自驱作用：“过去我们没有对齐，战略不清晰，大家的打法很乱，各种矛盾和问题都来了。导入 OKR 以后，大家对战略都有了清晰的认知，每个人都知道自己需要完成的最重要的事情是什么，我做这件事能够达到的自驱目标是什么。在规划 OKR 的时候，每个部门就已经将自驱纳入了思考范畴。”

案例 1：运营部门负责人的自述

在部门落地 OKR 之后，我明显感觉到，对于项目的执行，员工的主观能动性都有了显著提高。比如说有一个 OKR 分配下来，只要拿到了公司的O或者部门的O，小伙伴们就会站在看板前面，主动认领任务。认领任务的过程，相当于参与整个项目规划的过程。他会感觉自己像是公司的老板或项目的主负责人，由他全程负责这项工作。他会主动找同一部门的某位同事协作，甚至跨部门去找同事协作，实现了从被动执行者到主观能动者的身份转变。他会主动来承担这个项目，并且把它做好。对他来说，整个项目一旦做好了，这种成就感会非常高。

小伙伴们现在变得非常主动，以前，他们可能对安排下来的任务有所抵触，不想做，现在变成了他们主动挑选任务，自发地想把它做好。

案例2：品牌中心

早会制度是OKR为品牌中心带来的一个非常受欢迎的制度，早会是大家自发组织的，由所有人选择一个学习目标，一人主讲，其他人参与互动、交流分享，在每个工作日的早上9点准时开始，持续时间大约15分钟。

在早会上，每天都会有一个同事上台分享自己的故事，包括但不限于自己的工作内容、自己看到的学到的东西、自己感兴趣的领域等等。品牌中心是非常重视内容创新能力的部门，通过分享交流，大家能够产生思想上的碰撞，对行业趋势也会产生新的见解。值得一提的是，早会上的分享并不是强制安排的任务，而是大家积极主动参与的结果。

复盘的频率上升也是 OKR 为品牌中心带来的巨大变化之一，以前虽然也会复盘，但是复盘的频率较低，深度也不够。OKR 促使大家更加主动地复盘，从不定期的复盘转变为随时随地的复盘，大家对下一阶段的目标认识也更加深刻，也能及时做一些调整，这两件事情是大家都比较认可的变化。

案例 3：客服部门

客服部以前一直采用的是传统的单一 KPI 考核的形式，对于客服部的工作性质而言，KPI 虽然可以统一管理标准，但是它存在很大的弊端，容易形成流水线式的工作方式，抹杀员工的创造力。

公司引进 OKR 之后，天然工坊根据部门的实际情况，采用了绩效追结果和 OKR 追过程相结合的方式，这为客服部门带来了巨大的改变。最显著的是目标更加聚焦和统一，客服部员工以前只关心自己部门的工作，现在，由于目标紧跟公司的战略目标，是上下对齐的，所以在制定部门目标和个人的小目标时，无形中加强了部门的凝聚力和创造性，每星期和每个月的复盘提高了伙伴个人成就感和价值感。在跨部门的工作方面，OKR 让各部门之间的合作更加顺畅，大大提升了效率。

举例来说，在每个季度末的时候，客服部门都会自觉准备下一个季度 OKR 的共识会，并且会很积极地询问下一个季度的 OKR 目标是什么，有时候 OKR 分享延迟了，员工还会催促部门主管。客服部的工作从“自上而下”地分配任务转变成了员工自驱地准备复盘，员工形成了自我管理的思维方式。

因为 OKR 的这种自驱精神的引领，天然工坊的客服部接下来打算将部门升级为用户运营部，从过去被动地承接到如今主动地挑战目标，整个客服部门越来越强大，OKR 见证并参与了客服部门的这一发展过程。

案例 4：财务部门

财务部门是组织领导和具体从事财务管理工作的职能部门，他们以财务行业的通用目标作为自己的目标，这个目标具有一个特性，它只对员工的专业性有要求，所以财务部门的员工在自我提升方面往往以专业考证为目标。

在公司实行 OKR 之后，财务部可以看到公司的目标和各个部门的目标。这为财务人员带来两个好处：第一，财务人员能够清楚地知晓公司项目进行到什么节点，自己应该怎样配合其他各个部门的工作；第二，财务人员可以根据公司的 OKR 需求学习实用性强、使用率更高的财务知识，如财务如何创造价值、如何建模价值单元体系、财务分析与报告等，而不需要为了考证而考证，学习效果更加明显，大家学习的积极性得到提高，形成正向的循环。

铁三角之一：OKR 内容——四种 OKR

OKR 一般有两种类型——承诺型和挑战型（天然工坊叫作“自驱型”）。但是在天然工坊的 OKR 运作体系中，他们在这两种 OKR 之外，结合自身情况创造了另外两种 OKR——协作型和业绩型。

承诺型 OKR

承诺的 OKR 就是必达目标。这些都是个人、团队或组织已经达成的共识，很多是战略承接工作。

挑战型 OKR

挑战型 OKR 一定是雄心勃勃、需要更加努力才能实现的目标，用拉里·佩奇的话说：“如果你设定了一个疯狂的、雄心勃勃的目标，那么就算你没有达成目标，你仍然会取得令人瞩目的成就。”

协作型 OKR

OKR 的落地离不开各部门的紧密协作，部门的 OKR 在推进中也需要不同伙伴的协力配合，如果只是在各自的 OKR 中 @ 彼此，很容易在各种 OKR 的内容中被忽略。

所以，在承诺型 OKR 和挑战型 OKR 制定出来之后，天然工坊会把各部门需要配合其他部门做哪些工作、需要哪些部门配合本部门做哪些工作列出来，形成一份协作型 OKR，以此来促进相互的协作更高效有序地完成。

以竹妃产品部为例：

有一次，竹妃产品部的渠道开拓需要一款引流产品，6 月份开始一直找公司报价打样，但是进度缓慢。7 月 25 日，公司组织了 OKR 学习，当天高层就对此项目进行了立项，并要求一个月内完成大货支付。

目标确定下来，竹妃产品部迅速跟工厂高效沟通达成一致目标，并立即成立项目组，建项目群、供应链群，将目标按步骤拆解，建时间进度表，严格按照进度执行，出现任何异常都快速反应，最终 26 天完成 X 万件大货交付（含周末），高效解决了问题。

业绩型 OKR

天然工坊发现，有些 OKR 的制定虽然在业务上有一定的探索和创新，但最后对业绩帮助不大，创造的价值有限。因此在下一轮 OKR 制定时，开始加入对业绩影响的考虑。

于是有了围绕公司业绩目标拆解的 OKR，一般由相关业务部门来跟进业绩目标的推进与落地，以保证 OKR 在探索创新的同时不脱离对业务的有效支撑，如：全面提升开发 C 端用户的能力，大幅提升销售业绩。

铁三角之二：组织保障——OKR 双委机制

OKR 内容的落地和推进，离不开部门和员工对 OKR 的有效理解和运用，但对一个人员规模不断扩充的组织而言，这个过程无法依靠员工自觉完成，而需要一些角色来为部门和员工赋能。为此，天然工坊经过不断探索，成功顺应组织建设的大方向，建立了 OKR 双委机制，为 OKR 的落地提供了有效的组织保障。

“双委”即政委和委员，公司 HR 部门设立一名整体负责 OKR 项目的 OKR 政委，各部门各选一名 OKR 委员，与 OKR 政委协同推进 OKR 在各部门的推进与落地。OKR 政委与 OKR

委员会定期开工作会议，交流各部门 OKR 运作情况，同步相关信息，协同解决相关问题。

每周五，OKR 委员会填写周报，更新部门 OKR 进度，同时跟进部门伙伴更新个人 OKR 进度。OKR 政委会对新入职的伙伴进行培训，同时 OKR 委员也会关注和指导新伙伴对 OKR 的理解运用。

在双委机制的运作下，各部门都能够按节奏有序地推进 OKR 四会和各项工作。

铁三角之三：制度保障——OKR 四会制度

OKR 四会是天然工坊保障 OKR 内容在一个周期里顺利有序落地的制度保障，四会的顺序是共识会—推进会—庆功会—复盘会。天然工坊发现，如果不在一个 OKR 周期结束之后进行有效复盘，OKR 的内容就会缺少相应的客观反思和总结，OKR 的运作也容易受到各种变化带来的影响。而复盘会是倒逼 OKR 体系不断深化升级的有效方式。

最开始，天然工坊以双月为周期来推进 OKR，但在运行一个周期之后，发现双月过于频繁，给大家造成了一定负担，也不利于有始有终地完成一个循环，之后则改为以一个季度为周期来推进 OKR 四会。

表 6-2　OKR 四会

	共识会	推进会	庆功会	复盘会
性质	共识会是制定 OKR 的过程，首先对公司战略目标达成共识，再制定出各部门以及个人的 OKR，层层拆解，上传后上下对齐	推进会是推动和跟进 OKR 进展的过程，也是各部门负责人对部门伙伴进行绩效跟进和辅导的过程	庆功会是在执行 OKR 过程中对工作成果阶段性的总结和庆祝，也是对伙伴们的肯定和鼓舞	复盘会是对一轮 OKR 运行周期做出整体而客观的总结，是公司高层对各部门进行绩效辅导的过程，也是对 OKR 体系运作情况的梳理
时间	每个季度开始之前三周	贯穿 OKR 执行的整个周期	各部门自行安排时间，每季度至少一次	每个季度结束之后（最后一个季度的复盘会和全年的复盘会合并来做）
方式	● 战略研讨会 / 确认会：高管开会商议、确定公司战略 ● 公司 OKR 制定会 / 确认会：一级部门负责人开会制定、确认公司 OKR ● 一级部门 OKR 共识会 / 确认会：一级部门负责人开会制定、确认部门 OKR ● 协作型 OKR 确认会：一级部门负责人相互确认部门的协作型 OKR ● 员工 OKR 制定会：员工根据部门 OKR 制定自己的 OKR	● 站会：日常跟进 OKR 进度的一种方式 ● 周会：公司、部门的周会也是跟进 OKR 的重要方式 ● 周报：每周五所有人通过周报来总结工作内容，更新 OKR 进度 ● 进度辅导：部门负责人 /OKR 委员通过日常的观察、沟通和跟进对伙伴进行 OKR 进度辅导	● 专项庆功会：结合 OKR 的进度和阶段性成果，用特定形式鼓励和肯定伙伴们的明显进步和优异表现 ● 庆功会 + 团建：结合部门团建来开展庆功会，在轻松愉快的氛围中总结 OKR 的成果，对大家做出肯定和认可，增强团队士气和凝聚力	● 员工 OKR 自评与上级评价：员工对本季度 OKR 的完成情况做客观评价，上级再进行评价 ● 部门 OKR 复盘：部门负责人带部门骨干向高管客观陈述本季度部门 OKR 完成情况 ● 公司 OKR 复盘：公司 OKR 整体完成情况的总结和复盘、OKR 运作方式的总结

OKR 的经验总结

天然工坊作为一家发展中的互联网企业，走的是轻管理的路线，OKR 的导入虽然有战略级的高度，但在推进的过程中，天然工坊尽可能剔除一些形式大于内容的点，保证所有人员用 OKR 来助力目标达成，而不会被过重的管理拖累。

天然工坊还结合了公司现状不断探索和改进，形成了具有天然工坊特色的 OKR 运作体系。每次的迭代更新也会通过共识会和双委机制将更新后的 OKR 运作方法同步给各部门。

天然工坊的 OKR 推进有时会受到“公司战略根据外部不断变化的市场环境做相应调整”的影响，如果不及时调整就容易出现 O 和 KR 两层皮的情况。但这是珍贵的学习和思考机会。类似问题的发生会促使团队更深入地去学习和理解 OKR 的内涵，并且去探索 OKR 更贴合实际的运用方法。

OKR 在天然工坊已经运行了三个周期，在公司、部门和员工层面都起到了一定的促进作用。

（1）对公司来说，OKR 使公司战略更聚焦，激发了组织的创造力；

（2）对部门来说，OKR 提升了部门制定策略的能力，促进了跨部门的沟通协作；

（3）对员工来说，OKR 加强了工作的目标感，促进了专业性和主动性的提升。

天然工坊在践行OKR的路上，会基于实践不断迭代，形成自己的DNA。

姚琼工作室的建议

OKR体系的本土化改造

虽然OKR源自谷歌的实践，但是我们不是谷歌，我们不需要完全按照谷歌公司运作OKR的方式去实践。OKR没有一个特定的标准方式，但是一些基本的指导方针需要遵循，一些优秀的实践是可借鉴的。我们可以根据组织的需要与特定时间点期望的结果来设计OKR体系。

OKR体系可以被视为公司中使用OKR的方式。它主要包括三个模块：OKR设计、OKR管理、OKR循环。

在设计OKR体系时，我们首先要从“为什么”开始。

设计OKR体系需要一个明确的愿景，其中包括公司的愿景，以及当前的业务和管理的需要。从“为什么”开始可能是最重要的一步。

向领导、团队同事和自己逐一询问以下问题：

1. 我们想要什么样的组织？

2. 我们为什么要使用 OKR？

3. 我们希望使用 OKR 实现什么？

在确定最终想要的收益之后，下一步就是根据愿景来考虑组织的现状和发展方向。这将使 OKR 体系的使用更加本地化。

OKR 设计

OKR 设计指的是关于“如何设计 OKR”的基本原则，它具体包括以下内容：

OKR 内容来源

OKR 的内容就是回答哪些工作应该列入 OKR。

在我们的工作中，除了日常运营外，还有一些是基于公司战略分解下来的战略主题，也就是支撑组织战略实现的重要战略举措。我们应该将战略主题和日常运营区分开来，还是都包含？同时，在日常运营中，是仅涵盖改善创新，还是可以包含日常重点工作？

包含的内容越多，与工作的相关度就越高，但对战略主题的关注度就有可能被削弱。

O 的选择标准

O 有三种类型：改善结果、完成任务、实现突破。改善结果，主要是对一些业绩结果的改善，如提升销售收入、提高成交率等。完成任务，主要是完成规划中的一些任务 / 项目，比如完成年度财务预算、举办一次轰动业界的产品发布会等。实现突破，主要是基于业绩结果改善而需要发展或突破的内部能力建设，如成为 3 公里范围内首选品牌、形成把握客户需求的能力、实施大客户战略等。

那么，在选择 O 的时候，你应该选择哪种类型？

KR 的思考策略

在确定 KR 的时候，我们一般会有两种思考策略：第一种：行动策略法，思考如何实现目标。第二种：成功标准法，思考如何证明成功地实现了目标。

那么，在思考 KR 的时候，我们应该选择哪种策略？需要制定一个统一标准吗？

OKR 的挑战性

OKR 的挑战性究竟多大为好？我们在实践中使用信心指数 1~10 来表达员工完成 OKR 的可能性，1 代表不可能完成目标，10 代表百分之百能完成目标。那信心指数多少是合适的？

有些公司希望订立雄心勃勃的目标，不要求 100% 实现，鼓励人们去尝试。但有的公司希望订立“合适的目标”，即够一够就可能达到，希望能 100% 实现。

这个需要结合企业实际，考虑挑战和现实的平衡。

OKR 自主度

OKR 既可以从上而下，也可以从下至上。在谷歌，自上而下与自下而上的 OKR 比例基本上是 50% 对 50%，那我们呢？我们的 OKR 是只来自上级的分解，还是可以来自自下而上的提出？

或者，为了鼓励不断改善创新，我们是否要规定有多少 OKR 必须是自下而上提出的？

OKR 的数量要求

是否要对一个周期的 O 与 KR 有明确的数量要求？

在谷歌，OKR 的数量要求是：每季度最多不超过 5 个 O，每个 O 对应 2~4 个 KR。在实践中，有些企业要求 3 × 3，即 3 个 O，每个 O 对应 3 个 KR，有的则不做具体要求，只限制数量。

团队 OKR 的制定方式

在制定团队 OKR 时，有几种方式可以选择：

第一种，通过团队共创法来确定；

第二种，由团队负责人来确定；

第三种，由下级先提出各自的 OKR，然后再由团队负责人综合确定；

第四种，由团队负责人制定初稿，与下级沟通交流后再确定。

OKR 管理

OKR 管理指的是关于“如何管理 OKR”的方法与流程的要求，它具体包括以下内容：

OKR 级别

OKR 级别描述的是 OKR 覆盖的范围。

在实践中，我们并非对组织所有的员工都要求设计 OKR，有些员工可以不用 OKR 而用工作计划和标准来管理，有些团队或者相关联的员工可以共享一份 OKR。

OKR 覆盖范围主要涉及：纵向覆盖到哪个级别，是到部门层级，还是到团队甚至员工？除了纵向 OKR，是否可以横向设置 OKR，也就是基于项目设置跨职能的 OKR？

OKR 节奏

OKR 节奏指的是多久设置一次 OKR 。

是双月设置一次还是每季度设置一次？是否需要设定年度 OKR？不同级别的 OKR 对应的节奏是否应该不同？

节奏越短，学习越快。但是，节奏短了，定义新目标就需要付出更多的努力。

OKR 透明

OKR 透明指的是如何透明，它包括 OKR 透明范围和方式。

OKR 透明范围：是全员公开，还是在部分范围内公开？

OKR 透明方式是指如何透明，是通过系统的工具，还是使用内部共享文件？

OKR 对齐时间

OKR 对齐时间是指描述不同级别 OKR 对齐的时间。我们是在制定前对齐，也就是上级制定完后再制定自己的 OKR，还是在制定后对齐，下级根据上级 OKR 进行调整？

OKR 对齐方式

OKR 对齐采取哪种方式？是一对一沟通确定，还是通过专门的会议来确定？还有一种，就是员工自动调整自己的 OKR 使其与上级对齐。在谷歌，采用的就是透明后自动调整对齐的方式。而我们提出了通过 OKR 共识会来实现对齐。

OKR 回顾

OKR 回顾是指在 OKR 实施过程中如何回顾 OKR，它包含两方面内容：

回顾频率：多久回顾一次 OKR？是每日、每周、每两周还是每月？不同级别 OKR 回顾的频率是否不同？

回顾形式：是通过表格的形式回顾还是通过专门的会议？

OKR 评分

OKR评分指如何进行OKR打分，它包含两方面内容：

评分标准：是根据 OKR 完成进度来评，还是通过定性方式来评？

评分方式：是员工自评，还是由上级评价，还是上下级结合来评？

OKR 复盘

OKR 复盘是指 OKR 评分完毕后，如何进行复盘。我们推荐的是以 OKR 复盘会的方式来进行。但在实践中，也有通过一对一对话的方式来开展的。

OKR 管理责任

OKR 管理责任指的是如何管理 OKR 运营工作。

在实践中，OKR 管理有不同的实践形式。有的由 HR 或战略相关部门或人员来管理，有的由敏捷教练来推动，还有的在内部选拔培养 OKR 教练来负责推动。

OKR 循环

OKR 循环是指在不同高度、不同范围实施 OKR 的节奏。所有级别都要学会快速发现假设，做出并管理承诺，测试新想法，建立信任，并不断学习。

我们给了一个参考：

1. 基于战略思考，形成公司 3~5 年的战略意图。
2. 在战略意图的指导下，基于战略分析，形成公司年度 OKR，也就是公司年度战略。
3. 在年度 OKR 的指导下，制定团队 / 员工 OKR 以实现对齐，并动态迭代。
4. 由内向外，由短到长，不断学习、迭代。

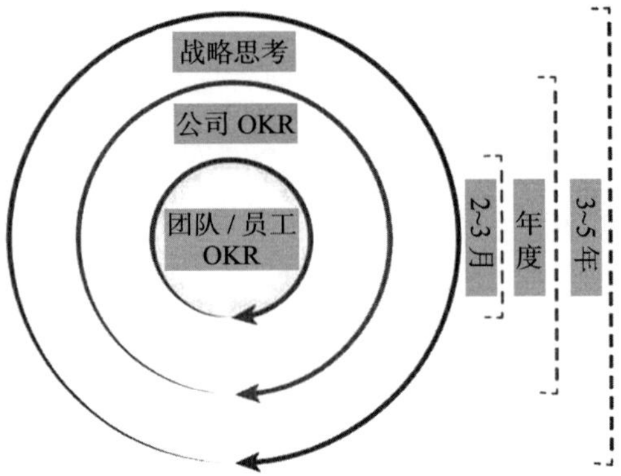

图 6–2 OKR 循环示意图

在 OKR 循环指导下，可以制定年度 OKR 运行时间表（见表 6–3）。

表 6-3 OKR 运行时间表

周期	级别	时间	项目	参与人	形式	产出
年度	公司	上年度 2 月中旬前	确定战略意图，进行战略分析，明确战略重点	CEO、高管及部门负责人	战略共创会	三年战略意图、核心经营指标、年度 OKR
		上年度 12 月下旬	制定重点项目 / 产品 OKR	CEO 及项目 / 产品负责人	OKR 共创会	项目 / 产品 OKR
		上年度 12 月底	发布公司年度 OKR	全体员工	员工大会	年度 OKR 沟通
季度	部门	上季度最后一周	制定部门季度 OKR	部门所有员工或关键人员	团队 OKR 共创会	部门季度 OKR 初稿
		季度第一周	复盘上季度部门 OKR	CEO、高管及部门负责人	公司 OKR 复盘会	部门 OKR 评分表
		季度第一周	“共识”部门季度 OKR	CEO、高管及部门负责人	公司 OKR 共识会	部门季度 OKR 定稿
		季度每月	OKR 月度盘点及回顾	CEO、高管及部门负责人	OKR 月会	部门月度 OKR 盘点

（续表）

周期	级别	时间	项目	参与人	形式	产出
季度	团队 / 员工	上季度最后一周	制定季度 OKR	部门所有员工	/	团队 / 员工季度 OKR 初稿
		季度第一周	复盘上季度团队 / 员工 OKR	部门所有员工	部门 OKR 复盘会	团队 / 员工 OKR 评分表
		季度第一周	“共识”团队 / 员工季度 OKR	部门所有员工	部门 OKR 共识会	团队 / 员工季度 OKR 定稿
		季度每周	回顾每周进展	团队成员	团队 OKR 周会	员工 OKR 周报
		季度每月	OKR 月度盘点及回顾	部门负责人和团队成员	OKR 月会	团队 / 员工月度 OKR 盘点

第七章

让想法走向现实：创业公司觅健的OKR探索之路

作为创业公司领导人，我希望在有效的管理思维模式下，全员参与，形成透明、共享、共担的企业文化，这对觅健的小伙伴们提出了更高的要求。有什么样的管理工具可以帮到小伙伴们呢？我找到了 OKR。

OKR 是目标管理工具，不是考核工具，通过 OKR，希望所有伙伴随时都能明确现阶段的工作目标，设立具有挑战性的目标，获得个人最大的成长和成就感！但导入过程中，不能只培训一下就完事了。OKR 的导入不是一蹴而就的，是需要长期坚持、不断迭代升级的。

我深刻的感受是：OKR 需要不断地宣导教育，让 OKR 思想深入骨髓！

——觅健创始人刘文桂

从生命中感受到觅健的产生

多年前陪伴家人看病的经历，让刘文桂第一次近距离地接触、观察医疗行业，也让他切身感受到医疗行业的沉疴、患者的无助和痛苦，因而他很自然地从患者角度对医疗行业进行了深度的思考：

1. 病患医学科普教育程度不够，没有有效获取疾病知识的渠道：对于药品注意事项、副作用一无所知。
2. 病患及其家属无法参与到治疗决策中。一方面，医学知识本身门槛比较高，另一方面，也没有形成患者参与治疗决策的流程和机制。
3. 医疗资源分配不均。不同区域的医疗水平存在很大差异，容易产生误诊误治或过度医疗。

4. 全病程康复管理体系缺失。患者在院外很难获得有效的康复用药指导，形成院内外的康复断层。

基于上述原因，当刘文桂准备创业时，他选择了从患者端切入医疗生态。2014 年 4 月“病患如我”患者社区平台上线，刘文桂希望它像国外病患社交平台 PatientsLikeMe 一样流行开来。但是经过了一年的发展，“病患如我”平台的用户增长一直都比较缓慢。“我们犯了一个很严重的错误，跟美国的患者相比，中国患者所掌握的疾病知识比较匮乏，患者普遍对疾病数据不了解，也不敏感，所以很难调动患者的积极性去贡献数据。”

意识到问题后，刘文桂进行了复盘与探索，决定推倒重来，在同一赛道进行二次创业，打造了觅健患者管理平台。2015 年 9 月觅健正式上线，用户增长迅速，与“病患如我”平台的不同之处十分明显。觅健 App 底层逻辑的变化表现在从内容切入，“我们的底层逻辑变成了先赋能用户，而不是从用户那里索要数据”。这个变化让觅健变得更为贴近患者。

觅健近几年逐渐从“患者社区”进化到“数字化癌症患者全病程康复管理平台”，以患者为中心，致力于构建诊后康复管理生态，采用“线上 + 线下”及“院内 + 院外”的模式，利用 AI 技术提高患者管理效率，构建起全病程、全方位、精细化的患者管理体系，帮助更多癌症患者延长生存期、提高生存质量。觅健不仅从辅助治疗层面提高群体生存质量和生存时间，还能从心理层面和康复管理角度帮助癌症患者群体以积极的心态面对病痛。

任何一个创业公司，都会面临以下问题：

1. 商业模式需要快速验证或迭代，目标确定后如何让员工有力执行？
2. 获得阶段性成功后，如何保持快速增长？
3. 随着团队规模的快速扩张，如何保持人效？

增长与效率问题是创业公司的关键。因为这些公司通常面临着资金流转、拓展市场份额等巨大的压力。

但同时，创业公司需要更加扁平的管理文化，要让公司使命、愿景、价值观落地，让全员都知道公司战略目标并强有力地执行，让全员成为公司的主人，主动工作。

每个人的 OKR 对齐公司级战略，赋予工作职责新灵魂

刘文桂在寻找系统化的管理工具时看到了国内推广 OKR 第一人姚琼老师的视频，视频对 OKR 理念进行了深入浅出的阐释，

并列举了很多创业公司的成功实践经验。2020年上半年，刘文桂在公司核心层进行了OKR试运行，持续了半年左右，没有取得明显成效。但这次失败的尝试并没有让刘文桂放弃OKR，他认为OKR思维本身是没有问题的，效果不明显的原因在于对OKR的理解还不够深入，没有科学的推行方法。

抱着对OKR工具的期待，刘文桂带领核心伙伴参加了姚琼老师的线下课程，进行了系统的学习。在姚老师的指导下，觅健核心团队从企业的使命、愿景、战略出发，制定出公司级别的OKR，确定目标，再层层分解到部门、个人。然后全员宣导培训，坚持每周的“啤酒会”、OKR周报，实现从上到下的对齐。

如何能实现刘文桂所期待的“让公司使命、愿景、价值观落地，让全员都知道公司战略目标并强有力地执行”？

OKR的对齐就是很好的办法。

首先，觅健从使命、愿景、战略出发制定公司级别的OKR。

使命（长期）：帮助更多患者恢复健康，回归美好生活。

愿景（10年）：帮助1000万癌症患者提高生存质量。

2021年战略（1~3年）：打造富有价值的数据驱动的患者康复管理平台，提供精准的链接并落地全病程康复管理方案，帮助癌症患者延长生存期，提高生存质量。

依据觅健的使命、愿景、战略，觅健制定出公司2021年的O：

O：打造绝对领先的数据驱动的癌症患者康复管理平台，帮助中国癌症患者提高生存质量

根据O，觅健找到了实现O的关键路径，形成了3个KR。

KR1：通过技术驱动和精细化运营，实现平台月活跃率增长一倍

KR2：培育3个新用户增长渠道，实现全网用户增长到X万

KR3：通过AI赋能，构建完善的患者管理体系，服务10%的平台用户

有了公司的OKR后，部门和员工该如何与其保持一致？

比如，觅健的内容运营部门通过对公司OKR的观察、思考发现，KR1与其密切相关，于是基于公司级别O的KR1，制定出了内容运营部门的精细化内容的O。

O：通过精细化内容运营，平台患者数量在行业内遥遥领先

KR1：持续发力新媒体矩阵，创新内容产出率提高20%，通过创新内容传播实现用户增长X万的目标

内容运营部门的伙伴根据部门的这条KR，制定了自己的O。

O：提高公司视频的质量，增长视频的浏览量，打造爆款视频。

内容运营部门原来的工作定位是推出优质科普文章，在推行OKR前，员工对科普工作的认知就是写一篇文章，发布出去就结束了，员工对自己的认知就是自己是写文章的，不会深入思考文章对患者有什么价值，对长远目标或价值认识不清晰，这种机械性劳动重复多了，久而久之就会产生职业疲倦感。

推行OKR后，内容运营部门的员工发现，原来自己工作的意义并不只是停留在"完成了一篇文章"的表层，而是通过优质内容（O）带给患者生的希望，由此心生荣誉感和价值感。每个人目标感和参与感得到提升，大家在讨论工作时变得非常热情，主动改善工作，探讨文章内容如何更好地服务患者，让患者通过文字感受到希望与温暖。以前，员工关心写文章要多久，现在他们关心怎样用内容服务患者。以前，写文章的员工不关心数据，现在都关心数据，尤其是增长数据，如果增长数据没有达到公司

目标，大家会共同研究如何改善自己的工作。

从公司的使命、愿景、战略出发，制定公司的 OKR，能够让目标的实现可追踪，让所有伙伴都为公司的目标而发挥各自的特长，担负起各自的责任。

每个人的 OKR 对齐公司级战略，赋予工作职责新灵魂。对员工个人来讲，精细化写作的思维，让员工更有经营意识、结果导向意识，从而产出更多优质文章。对公司来说，优质文章推动用户增长，提高活跃度，间接推动公司战略升级，真正实现了人人都是 CEO。

“打造 12 个医生 IP”的成功之路

“打造 12 个医生 IP”项目刚成立时，很多同事都觉得难，认为是不可能成功的。难点在于：第一，项目涉及多个部门，从觅健的运营体系中拆解出来 12 个医生非常困难；第二，这是全新的尝试，没有过往经验可以参考，无从下手；第三，觅健缺乏系统工具协助梳理目标或设定路径，导致项目的进程非常缓慢，过程也非常辛苦。

从 2020 年 3 月份一直持续到 2021 年初，项目在导入 OKR 后才走上正轨。OKR 以其“聚焦目标”的特点帮助觅健重新梳理了项目目标，并设定了推进路径，大家就“各季度应该达到怎样的结果”达成了战略共识，“打造12个医生IP”项目终于从飘在天上的云变成了可以触摸得到的存在。

员工之所以认为自己做不到，是由于同时推进的工作太多，他们不知道应该先做什么，后做什么，不知道哪些工作性质是一致的，可以“复制粘贴”节省精力，哪些工作性质是不一致的，需要重新拆解，哪些工作自己可以独立完成，哪些需要同事配合完成。这些问题用OKR很好解决，O能够指导员工选择优先事项，确定目标后，KR为员工总结并重新梳理行动路径，归纳好工作内容，员工就可以定期安排跟医生的沟通交流，产出内容，而且OKR的高挑战性往往也会带来出人意料的效果。

阿芳在觅健从事内容运营已经有三四年的时间了，公司决定由她来负责“打造12个医生IP”项目，要求做一条20万播放量的视频。在这之前，觅健单条视频的播放量最高也就四五万。接到新任务的阿芳崩溃了：“我怎么可能运营得了12个医生IP？而且单条视频播放量达到20万，这个事情我肯定做不了的。”

“你可以的。我们先来梳理一下OKR，明确你的总体目标是什么，用什么样的方法达到这个目标，怎么分解关键目标。比如说，在这个关键目标里面，你寄希望于通过爆款去带动增长，那么你现在已经有了一个很明确的目标，就是要做爆款短视频。然后，你可以结合医生的特点，不停地做一些尝试。”

听完主管的辅导，冷静思考过后，阿芳将自己的 OKR 总结成以下模式：

O：运营 12 个头条号医生 IP，实现单条内容播放量 20 万以上

KR1：月底前与医生协同产出内容，通过内容传播实现用户增长

KR2：根据患者需求，结合官方每周发布的内容创新活动，积极参与至少 3 场官方活动，获得官方流量支持，提高内容曝光量 XXXX

KR3：打造 X 个爆款视频，点击数超越 XXXX

在制定完这个 OKR 后，阿芳马不停蹄地参加活动、沟通医生，工作热情高涨。一个周期过去了，曾经认定这件事不可能的阿芳真的做出了一条播放量 100 万的爆款视频，远超 20 万增长预期！在周五的啤酒会上，阿芳站上了讲台，跟大家分享自己的成功秘诀："使用 OKR，就是要胆大包天，不要定 10 万的目标，要定 20 万、100 万的目标，定高目标，挑战自己。"

觅健最初的定位是"帮助患者提高医学知识"的社区平台，解决医患信息不对称的问题，后来随着平台人数的不断增长，为了满足患者对解决疾病问题的迫切需求，2019 年，觅健开始进

化到“数字化患者全病程康复管理平台”。

在 OKR 工具落地的过程中，一个个项目顺利推进，觅健已经构建起自己独特的商业模式，即：通过内容赋能患者，帮助患者对接临床试验项目，与保险公司合作开发针对癌症患者的大病保险，基于互联网医院为患者提供在线家庭医生服务，等等。目前，觅健已成为中国最大的在线诊后肿瘤患者全程管理平台之一，精准肿瘤用户已经超过 120 万人，旗下运营产品包括觅健 App、垂直领域微信公众号“卵巢关爱圈”“乳腺癌互助圈”“肺癌康复圈”“胃癌互助圈”等。

支撑起整个 OKR 体系的觅健“透明法”

OKR 一定要透明，对此所有觅健人达成了共识。而会议是一种很好的透明方式，在会议上，大家对自己制定 OKR 的过程做陈述和剖析，不仅能够梳理自己的 OKR 和行动思路，同事和上级也能够起到监督作用。

在觅健，OKR 透明会议分为两种形式：一种是规范式管理的“三中全会”，一种是轻松化管理的特色主题会议。

“三中全会”，即共识会、洋葱会、复盘会。这三个会议是 OKR 在落地过程中的常规会议，它们就像是 OKR 这棵大树的躯干，支撑起整个 OKR 体系。

共识会——季度会议，全员沟通，确定部门 OKR 和个人 OKR。

洋葱会——月度会议，看问题，发现问题，寻找改善方法。新员工必须提供日报，老员工必须提交周报。（周报推荐：员工要在每周五下班前完成周报，部门经理会在周一前看完所有人的周报，发现有闪光点的周报就会推荐优秀周报，周一在全员工作群内推送，奖励小红花，引导大家共同学习。）

复盘会——季度会议，自评与直接上级评价相结合，员工要针对本季度自己的表现做自我评价，然后由领导对员工做他评，当评分结果差异比较大时，双方需要沟通后重新评价，最终达成共识。

觅健特色主题会议又叫“啤酒会”“下午茶分享会”“觅健好声音”，这是一个全公司参与的站立分享会，时间定在每周五下午，每个部门派一个代表分享自己的 OKR，告诉大家这一周自己做了什么，取得了什么样的成果。与会人员在分享“好声音”的同时，同步打开 OKR，对照 OKR 看结果。“好声音”以营造轻松愉悦的氛围引导大家敞开心扉、畅所欲言，起到了鼓舞人心的作用。

创业公司 OKR 落地方案的形成

作为管理体系和管理人员相对薄弱的初创公司，觅健从

2020 年 3 月试运行 OKR，到 2020 年底正式推行 OKR，再到现在全员落地 OKR，过程颇为曲折，遇到过许许多多的困难和挑战。

1. 实施初期，团队成员对 OKR 的戒备心非常强，对公司的信任度不够，大家都在“保存实力”，担心自己的压力越来越大，担心公司会用 OKR 来考评自己。
2. 部分部门 OKR 设置不合理，没有对齐，重点不突出，O 和 KR 之间存在割裂，需要重新调整。
3. OKR 的进度严重滞后。80% 的 KR 达不到，而且跟预期存在较大的差距，复盘会时大家的信心遭受打击，需要调整。

实施了一轮以后，经过反复研究、讨论和调整，觅健终于形成了颇具初创公司特色的 OKR 落地方案（见表 7-1）。

表 7-1　觅健的 OKR 实施方案

OKR 周期模式	年度 OKR+ 季度 OKR
OKR 层级	1. 公司级别 OKR（年度 + 季度） 2. 部门级别 OKR（年度 + 季度） 3. 部门负责人 OKR（年度 OKR= 部门年度 OKR，独立制定个人季度 OKR） 4. 普通伙伴 OKR（年度 + 季度）

（续表）

OKR 周期模式	年度 OKR+ 季度 OKR
OKR 过程管理	1. 完整地召开年度、季度“三中全会”，要求目标对齐、不遗漏，鼓励制定个人挑战目标 2. 每周五下午组织全员茶会，各部门负责人发布或请部门代表发布本周 OKR 的推进成果 3. 每周要求全员在 OKR 系统上填写 OKR 的推进进度，进一步确认目标对齐，做到重点突出
OKR 透明方式	通过 OKR 软件，把公司、总经理、部门、部门负责人及其他所有员工的 OKR 完整上线，完全公开，并要求对齐

相应的实施对策优化如下：

1. 宣扬 OKR 的精神及背后的逻辑，使大家在分解制定各自 OKR 的过程中，能体会到目标清晰的愉悦和兴奋，更加清晰地认识自己的职业发展方向。
2. 部门主管在执行 OKR 过程中，及时与部门伙伴沟通 OKR 进展，关心伙伴成长，使上下级随时处在同一频道上。

经过 OKR 实践过后，通过承上启下地分解公司 OKR，觅健获得了非常大的收获：

- 治愈了初创公司战略混乱、商业模式零乱的“两乱”之痛，明晰了企业发展的方向，资源分配更加合理，事项的轻重缓急更加明晰。

- 整个公司运作更加流畅，效率提升了，人员增加后，也能很快地融入 OKR 体系。
- 目标意识得到强化，推动工作更有力，业绩也随之增长。
- 公司凝聚力增强，每个人的目标都与公司的目标紧密相连，价值感和成就感更强。
- 责任感和创新力提升，透明化让大家获得充分的信息资源，能够自主根据资源做决策并尽最大努力实现目标。

姚琼工作室的建议

创业公司使用 OKR 注意要项

每个创业公司创始人都拥有一个非常美妙的想法——改变世界。他们设定了雄心勃勃的目标，并竭尽全力，投入大量的时间、精力、金钱，但是非常遗憾的是，并没有太多的人能获得成功，90% 的初创公司都失败了。哈佛商学院高级讲师什卡·高希的一项研究发现，这个数字可能接近 75%。创业公司“真实”的失败率可能在 75%~90% 之间。

基于研究，在导致创业失败的 18 个原因中，排在第一位的是没有市场需求（42%），即开发了一款没有市场需求的产品。第二大失败原因是：在没有取得任何实质性进展之前，公司的资金就耗尽了，这个比例大概是 29%。还有 23% 的创业公司是因为没有一支靠谱的团队而最终失败的。

OKR 是一个用来定义、衡量和跟踪成功的框架，不仅可以有效地传达组织的意图给团队成员，还能在实施的过程中给予他们洞察，使他们能更接近自己的目标。

OKR 对创业公司的价值：

1. 聚焦：使每个阶段的业务优先级更清晰。告诉团队应该做什么，不应该做什么，避免左右摇摆；同时，有限的目标让大家不至于过载，从而将精力、资源投入到应投入的地方。
2. 对齐：让团队、成员在同一个层面努力，方向一致，劲往一处使。
3. 敏捷：节奏短，并围绕目标与现实动态调整迭代，与探索阶段的特点相符。

4. 学习：通过“结果”关注与反思，不断在执行中学习并形成洞察。
5. 识别：通过目标与过程的透明化，快速识别人才。

创业公司使用 OKR 的注意点：

1. 目标：目标不应该是一些数字，更重要的是期望达到的业务状态。比如，不单纯是“提升 30% 用户量”，而是“让更多用户使用我们的产品”。它要有开放性，要能描述“为什么”。这样，既能提升大家的使命感，又不让大家自我设限。
2. 关键结果：关键结果尽量要从用户或与竞争对手比较的视角来描述，是效果或影响，而非某些简单的功能或任务。要从一开始就建立起用户思维。通过“关键结果”的衡量和验证，OKR 一方面让大家不沉湎于“自我迷恋”之中，另一方面有助于实现快速洞察、学习。
3. 周期：建议可以使用“年度 + 月度”节奏。公司可以设定一个年度的 OKR，作为一个愿景，明确一年后想达到的目标是什么，这个目标也就是公司的“The North”（指北针）。这个“The North”尽量不要随意变动。当然需要深思熟虑，把它作为月度目标的判别指南。但阶段性目标要使用月度节奏，一方面让业务跑得更快，“小步快跑”，通过快速的成功激励团队成员，另一方面，也可以适应探索期我们看得不清晰、想法随时变动的实际。

4. 数量：一个月的目标最好不要超过两个，一个更好。一定要迫使我们聚焦，千万不要面面俱到，尤其是个人的目标。
5. 挑战：目标一定要有野心，不能保守。只有野心才能迫使我们打破传统解决思路，找到更多的可能性。
6. MVP：尽量开发一些 MVP（最小化可行性产品），来验证你的产品、业务模式。使用 OKR 来开发 MVP，通过结果来不断验证假设，获取洞察。

7. 庆功：创业公司可以学习《OKR 工作法》中的“周五庆功会”。定期举办庆功会，既能在创业期激励团队成员，让其保持热情，也能加快产出。
8. 复盘：一个周期结束后，必须要复盘，透过业务结果反思我们的过程、假设，迭代我们的想法与策略。复盘的时候要坦诚开放，不要单纯纠结在结果，更重要的是通过结果学习到了什么，进而明晰我们未来该如何前进。
9. 应该花时间想清楚：在创业过程中，我们非常喜欢用快速的行动来排除我们的焦虑，但是要注意，我们需要花时间去考虑目标、做好复盘反思。花时间反思就像吃蔬菜——你可能不喜欢，但这对你有好处。

OKR 是一种敏捷的目标管理工具，“假设—验证”的逻辑让创业团队保持开放性，让全员变得更敏捷。这既是创业公司面对的环境，也是创业公司应追求的状态。

第八章

目标管理与绩效评估的创新探索与实践：蔚来的 VAU 与 EI

管理有很多流派，没有对错。我们公司天生有它的复杂性，复杂性在于与传统汽车和互联网企业相比，我们多了很多业务流程和职位类别，我们要尊重这个现状，管理这么复杂的事情该怎么办？大道至简，还是要用简单的方法，如果用KPI的方式是做不到的，只能从鼓励自我驱动出发。公司在成立的前几年，虽然还面临着很多挑战，总体上还是完成了阶段性的目标，在全面竞争力上我们也有独特的优势。我们的成就还是来自创业热情和大家的自我驱动，而不是靠严格的流程和赏罚分明的KPI。而在第二阶段，对公司的目标不同人的理解会不一样，公司需要考虑的方面也更多了，哪些是公司的主要目标和关键行动，是公司的管理层需要传递清楚的，在这种情况下大家就需要用这样一套思维方法去做自我驱动。VAU是根植于我们文化的，我们只是把这种管理方法系统化、工具化，真正把这套方式变成我们提高自我效率的工具。

——蔚来汽车CEO李斌在蔚来“Open Hour”上的讲话

用 VAU 来鼓励自我驱动

蔚来汽车是一家以创造愉悦生活方式为使命的用户企业，主营业务包括高端智能电动汽车研发、生产、销售及售后服务、能源服务，以及以车为起点的生活方式社区运营。2020 年底，蔚来汽车在全球拥有正式员工 7500 余名，分布在中国、美国、德国、英国等地。

作为新能源汽车的领军品牌，高速发展的蔚来正处于一个复杂多变、VUCA[①] 的特性很强的背景之下，在业务领域和管理模式上面临重重挑战。

第一，如何定义、设计和研发突破性的下世代智能电动汽车，

① VUCA 即：Volatility（易变性）、Uncertainty（不确定性）、Complexity（复杂性）、Ambiguity（模糊性）。——编者注

如何围绕愉悦生活方式打造具有向往感的用户社区是最大的挑战。

下一代智能电动汽车究竟会是什么样的，是个未知的领域，就像最早手机从功能机到智能机的转变，中间也经历过多普达PDA（掌上电脑）等形态，但早期没人知道最终智能手机的形态会是 iPhone 4（苹果第 4 代智能手机）那样的。这是个趋势确定但形态混沌的事情。同时，哪怕形态定义清楚了，技术解决方案是什么？供应链如何？可制造性如何？成本控制如何？法律法规如何？……还有一系列复杂的问题待解决。

通过社区运营打造用户企业，是蔚来在全球范围内的创举，前无古人。业界都说，买蔚来，是买 VIP 会员顺便送车…… 虽然是玩笑话，但这种模式是没人做过的。另外，蔚来的愿景是成为用户企业，一切为了用户——“为用户满意而存在，通过我们的成功，帮助用户实现自我价值。”这也是全新的企业模式。实际推动中的难度，首先在于意识和心态层面，蔚来全体员工万事都要有这个意识和心态，这不是一件容易的事情。其次是组织能力，蔚来要保证自己有造一台好车的能力，这是基础，同时，要有强大而多样的用户运营和用户服务能力，这是蔚来的核心竞争力。这中间有很多事情，都是通常意义上的一家“车企”不会去做的，但在蔚来，反而是要做精做强的。

这样的大背景，意味着蔚来做的很多事情是易变的、不确定的、复杂的、模糊的，也就是所谓 VUCA 的特性很强。

第二，如何构建一套适合蔚来的目标管理、相互协作、激发创新的内部管理体系是另一大挑战。

有别于传统车企，蔚来在管理上涉及的业务链很长，需要强而有力的分工协作，同时还要保持组织的敏捷性和创新活力。

首先，仅看研发就能知道，智能车的附加价值有很大一部分在软件上。蔚来有强大的软件团队以及软件运作赖以存在的智能硬件团队，还有云服务、人工智能技术等，这部分业务，在传统车企是很弱的，哪怕有一些，主要也是供应商的力量。在蔚来，这些都是自研、自有能力。所以，蔚来有很多来自互联网公司的员工，也有来自小米、华为等智能硬件 /3C（计算机、通信和消费电子产品）行业的员工。这和传统车企有很大的差别。

其次，在市场营销和售后服务端，传统车企走的都是经销商模式，所谓的 4S 店、售后服务站，都是经销商的产业链。但是，蔚来采用的是直营模式，除了传统车企的产业链，还有生活方式的板块。例如NIO Life（蔚来原创生活方式品牌），有专门的设计师、产品经理、电商运营团队。举个例子，NIO Life 会招聘男装设计师，这个在传统车企是无法想象的。再如 NIO House（蔚来中心），它不是传统意义上的展厅门店，而是一个提供给车主的生活空间。所以，里面有咖啡空间，有咖啡师，咖啡师来自星巴克等快消行业；有儿童活动空间，工作人员来自空乘、幼教、迪士尼等行业；有饮品开发团队，结合不同城市的文化风土，开发不同季节的饮品；还有 NIO Radio（蔚来电台），一个自运营全功能的网络电台，从编导、播音员到后期制作、电台运营等，一应俱全。

此外，蔚来还有一个很重要的板块是传统车企没有的，就是 NIO Power（蔚来能源）。它负责能源业务，相当于油车时代的中石化 / 中石油的角色。除了充电桩、换电站等补能方式外，蔚来还有一键加电服务。这些都相当于在外部横跨了多个行业 / 产业。比如，一键加电的道服小哥，就很像饿了么 / 美团的骑手，但具备多项专业服务技能。

所以，蔚来是个产业链、工种属性特别复杂的公司，远比传统车企复杂（尽管传统车企产业链已经很长了）。因此，一个大家都能有效使用的统一的目标管理体系对公司来说至关重要。

随着业务的扩张升级、管理的复杂化，蔚来势必要引入更有力的管理模式。

在这方面，蔚来汽车创始人、CEO 李斌有他的深入思考。

在创业公司中，尤其是在蔚来这样一家在泥泞赛道上跑马拉松的企业中，有两个方面特别重要。一个是远见：做对的事，做非同寻常的事，同时要聚焦重点和核心，把有限的时间和资源用在最关键的事情上。另一个是行动：行动要快，小步快跑，不断迭代。

2018 年对蔚来汽车而言是非常重要的一年。除了旗舰产品 ES8 量产交付之外，同年 9 月蔚来正式登陆美国纽约证券交易所，成为特斯拉之后全球第二家纯电动汽车上市公司。这个时候，组织有很多事情要做，统一目标就变得格外重要，明确哪些事情是公司、部门和个人的工作重点，目标是非常重要的，没有目标就谈不上管理效率。所以 Vision（愿景）的意思就是整个公司要有长远目标、中期目标和近期目标，让每个部门、每个团队、每个人去关注和对齐。

确定了目标以后，如何完成目标，也有很多事要做，有些是常规性的工作，但也有很多是阶段性的重点工作。需要特别关注的重点工作就是 Action（关键行动）。

此外还要持续改进。现在外界环境和公司情况都变化得很快，所以在做一个决策的时候，公司、部门和个人都要做动态的调整，不能刻舟求剑，这就需要去回顾、迭代、做调整和 Upgrade（升级）。

这就是 VAU 的含义，要有目标，有关键行动，还要根据外界和公司的情况有持续的升级迭代。

从管理的角度讲，蔚来的管理整体崇尚一种自我驱动的方式，他们选择认为每个人都有自我驱动力做正确的事。从公司的角度来讲，选择创造一种工作流程和方法，让大家在自驱的过程中提高效率，公司也就更有进取心，也更容易拿到卓越的成果。

因此李斌提出要建立起一个蔚来人的工作方法，这就是 VAU 的由来。

VAU 方法论：聚焦“远见”和“行动”

VAU，是公司创始人李斌一直提倡的工作哲学，他本人也奉行这个工作哲学，成为一位成功创办多家上市公司的连续创业者。

VAU，是 Vision/Action/Upgrade 的缩写，意思是说，做任何事情，大家都要设立有 Vision 感的、极具挑战性的目标，而不是在一开始就设立一个普通的、平庸的、容易达成的目标。设立目标后，就要尽快将目标转变为行动，先做起来，做的过程中，再根据实际情况不断地去升级迭代，也就是 Upgrade。

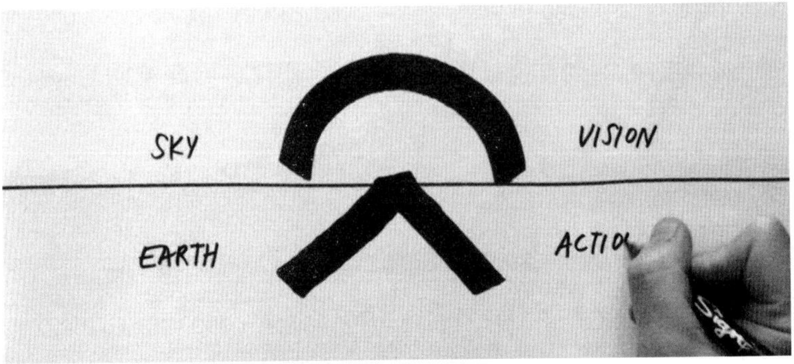

图 8-1　蔚来 logo 的寓意解析

VAU 与蔚来 logo 的寓意相似，上方是天空，象征开放、远见和美好的未来；下方是延伸向地平线的道路，象征方向、行动和前进的动力。

李斌经常打一个比方：V 就是方向，比如，我们要去北京，这个是方向，不是去深圳，你如果奔着深圳去就不对了。A 是具体实现的方法，比如，怎么去，是坐火车还是乘飞机还是开车…… 在 A 这个点上李斌强调快速行动，在很多事情还没搞清楚的时候，要敢于先做起来，快速尝试，然后，在做的过程中再不断地调整和迭代，最终实现目标。

截至 2018 年，这些在蔚来汽车内部还停留在理念上。直到 2019 年，大家开始思考是不是需要一个有形的工具，让整个组织共同在一个平台上做这件事，使之成为一个更具体和可落地的事情。那是他们第一次思考工具层面的事情。

2019 年 3 月，公司的管理层经过两天的集中讨论，确定了公司 2019 年的目标与关键行动。

VAU 首先在一级部门负责人层面试行，大家先设立一个年度的 VAU，再设立每个季度的 VAU，然后举行 Workshop（研讨会）进行研讨和“共识”。在 Workshop 上，会先进行团队破冰，让大家有一个良好的对话环境与氛围，然后，人力资源副总裁向大家介绍 VAU 机制，让大家对工具有一个统一的认知。接下来，各个一级部门负责人会分别介绍自己的 VAU，李斌 / 力洪以及其他参会成员会提问或者给予反馈。一个季度后，大家再来复盘上个季度做得怎么样，谈谈下个季度该怎么调整。他们会花 1~2 天来做这件事。

起初，他们只有一张 Excel 表格。管理层设计了一个标准格式，通常是聚焦 3 个左右的 V，每个 V 聚焦 3 个左右最关键的 A，当然，越聚焦越好。每个 A 也可以注明需要协助开展这个行动的关键协同人。

当时，这些 VAU 都会放在一个共享盘中供大家查阅，开会的时候也会用 A3 纸打印出来张贴在会场中。

到 2019 年年底，为了让更多的人用这个工具来践行 VAU，公司开发了一套内部系统，每个人都可以进去写自己的年度 / 季度 VAU，可以 @ 需要的协同人，执行过程中可以不断更新自己各个 A 的最新进展，也可以做红黄绿三色灯，后续还进一步迭代了对齐视图等功能。到 2020 年第一季度末，这个系统和工具已经推广到全员，从李斌开始，到一级部门负责人，到各部门的总监，再到各个团队、个人，都要设立 VAU，并做进展和状态跟踪。

VAU 的周期是年度加季度，日常跟踪的一般是季度、月度状态，有的部门甚至是每周、双周状态。目前，公司除了一部分有明确的月度绩效目标和考核的一线岗位外，全员使用 VAU。过程中，他们要求每个部门都要召开上个季度 VAU 的复盘会和下个季度 VAU 的拉通会，提倡各个团队经常（如按月或双周）召开状态跟踪会。

在透明性上，通常情况下，大家都是公开自己的所有 VAU，如果确实包含敏感的数据，也是建议用 **** 来隐掉数据，而不是不公开这项 VAU。只有在这个事情本身是极度机密的情况下，公司才允许使用部分公开的功能。部分公开也包括两个层次：一种是仅对一级部门公开，这样，信息还是能在一级部门内流动的；另一种是不公开，只有自己的直线经理、向上的所有主管以及相关协同人可以看到信息，其他人无法看到。

在蔚来，VAU 整体上定位为一个目标与过程的自我管理工具，帮助大家聚焦重点，相互对齐拉通信息，然后做升级迭代的过程管理。同时，公司鼓励创新和挑战，设立通常不敢想的有 Vision 感的目标，因此，蔚来的 VAU 不会直接拿来做绩效评估。红黄绿灯也只是表示工作的进行状态，并不等于绩效的好坏。

在蔚来，绩效评估是通过 VAU 以外的另一个工具 EI（Enabler Indicator，驱动力指数）来实现的，这个评估每半年进行一次，以主管意见为主，会适当参考一些矩阵 / 虚线主管或重要合作伙伴的意见，从工作结果和工作方式两个维度来做评估。同时，最后的评估结果也会在部门内部做横向的校准确认，确保公平合理。这个绩效评估的结果，会在人力资源领域得到应用，如晋升、加薪、奖金、股权激励等。

实施 VAU 后，员工的目标感更强了，知道了整个组织的方向和上级组织的方向以及他们的重点所在，就知道自己该在什么地方发力使劲儿。同时，员工也知道了横向团队的思路和工作重点，增加了彼此间的信息互通和协作。尽管大家都很忙，但是都会及时回顾和复盘，看看当初想要实现的最关键的几个目标是否实现了。这个，就需要通过 VAU 的机制来保障。

案例：BaaS 项目

BaaS 是公司 2020 年重要的创新型战略项目（进入了公司级 VAU 的一个 Action），BaaS 的全称是 Battery as a Service，也就是蔚来电池租用服务，目的是实现车电分离、电池租用、可充可换可升级。2015 年，蔚来按照这个底层逻辑构建起产品技术和服务模式的基础。

在实践车电分离的过程中，蔚来通过车辆设计开发、建立换电运营服务体系、得到车电产权分离的政策支持、提升用户接受度等努力，完成了这项目标挑战。通过 BaaS 模式，可以让购车和租电池分离，大大降低了购车门槛，且能消除用户对电池衰竭的顾虑。这个项目比较复杂，涉及的面特别广，需要多方协同。

2020 年，针对 BaaS 项目，电源管理副总裁制定的 VAU 如下：

> Vision：尽早落地以 BaaS 为核心的创新商业模式
>
> Key Action：
>
> 1. 推动政策支持

2. 梳理清楚商业模式

3. 筹建电池资产公司

员工A

Vision：政策支持

Key Action：参与智能电动汽车相关政策与标准的制定

员工B

Vision：深挖电池价值

Key Action：完成电池全生命周期和BaaS运营系统的搭建

员工C

Vision：关键产品开发

Key Action：

1. 完成换电站提升

2. 明确关键部件成本

3. 完成换电站2.0专利布局

员工D

Vision：BaaS试点落地

Key Action：

1. 支持第一批BaaS业务试点

2. 打通业务市场财务法务全流程

3. 推进电池资产平台公司的融资

这中间既明确了需要做的最重要的 Action，也明确了需要协作的关键协同人，关键协同人看了就能明确今年 BaaS 工作的重点。

整个 Vision 和 Action 会在相关协同人那边得到承接，比如项目负责人陆荣华的 VAU 就会包括：

V：与电池资产公司主要合作方达成合作意向

A1：推动与 XX 达成最终的合作意向 @Carlos WU 吴鹏

A2：完善电池运营公司合作模式，使运营公司具备投资吸引力 @Zerun ZHOU 周泽润

以这样的方式，大家的 Vision 和 Action 就会相互衔接和对齐。

通过和 VAU 的结合，BaaS 的实际结果很成功，在提升公司产品竞争力和销量上起到了很大的作用。现在公司的订单中有相当的比例采用车电分离的 BaaS 模式，2021 年 2 月的订单中，选择 BaaS 方案的车主比例达到 55%，这也反映了 BaaS 模式受到了车主的认可。

蔚来敏捷绩效管理的精髓：VAU+EI 双轨制

为避免目标与绩效强挂钩而导致管理成本高和保守性现象的

发生，VAU 执行结果不会直接作为绩效评估的结果，VAU 的红黄绿灯也不会直接作为具体的奖惩依据。但是，绩效评估是必要的，企业需要绩效评估结果，以表彰员工为企业做出的贡献或作为发放年终奖的依据。所以，蔚来在 VAU 的落地实践中，总结出一套 EI 评估法，将 VAU 和绩效评估分开进行。VAU 作为过程管理工具，目的是帮助员工把工作做得更好，它迫使每个人思考，意识到这对自己的帮助；EI 作为结果管理工具，供企业做绩效评估。

蔚来汽车管理绩效的过程，可以总结为：用 VAU 帮助大家在正确的方向上聚焦重点，相互对齐拉通信息，然后做调整迭代的过程管理，后续再衔接 EI 的绩效评估，并对接晋升激励等，形成完整的管理闭环。

EI 评估

EI 评估会从工作结果和工作方式两个维度来进行，工作结果即“纯粹的工作业绩或项目完成情况”，工作方式即“从用户利益出发、超越期待的全程体验、持续创新、体系化效率和设计驱动”这 5 个驱动力要素。这种评分机制背后的含义就是：不仅要结果好，而且要用蔚来倡导的工作方式取得好的结果，这就好像跑步，既要跑得快，也要姿势对。

EI 评估每半年进行一次，分为五档：差距很大、低于预期、表现良好、表现优秀和明星榜样。评估人主要是员工的主管，会适当参考一些矩阵 / 虚线主管或重要合作伙伴的意见，但通常以主管意见为主，或相互分摊权重。评估结束后，结果会在部门内做横向的校准确认，确保公平合理。这种校准主要是为了平衡团队之间的星级，如果 A 团队跟 B 团队相比，A 的 5 星还不如 B 的 3 星，那么这种打分就是不合理的，需要重新调整。

除了 EI，蔚来汽车还进行 VI（Value Indicator，价值观指数）评估。VI 是蔚来的“价值观镜子”。综合各方面对员工在 4 项核心价值观方面进行评价，具体包括：真诚、关爱、远见和行动。通过这种方式，帮助员工自我审视与蔚来价值观的契合程度。为保证评价的坦诚，最终的评价结果与员工的绩效评估等完全解耦。此外，他们还会通过“价值观故事”与“858”广播的方式，进行宣导及激励，正向驱动全体员工对文化价值观的认同。

很多人认为蔚来汽车只是一家汽车公司，但蔚来把自己的使命定义为“创造愉悦的生活方式”。蔚来的愿景是“成为一家用户公司”。为了实现愿景，蔚来提出了员工工作应遵循的 5 个驱动力（从用户利益出发、超越期待的全程体验、持续创新、体系化效率和设计驱动），正是因为有这样为用户利益思考的服务观念，蔚来才得以带动车主非常主动地参加到活动中去，享受各种超越期待的用户活动。

最后，不管是企业的使命、愿景还是思维方式，都是由价值观撑托起来的。蔚来的员工跟任何人打交道，都必须做到真诚、能够换位思考、包容理解和尊重人的多面性，要关爱对方，要有挑战精神，能够看到更高的、更有 Vision 感的目标，不能眼高手低，有了目标就要快速行动……

挑战与启发：VAU 是 OKR 的本土化创新与变革

VAU 与 OKR 都强调目标设定的重要性，都强调目标要转化为行动以支持目标的实现。但是蔚来的 VAU 与 OKR 又有着细微的区别。VAU 中的 A 是 Action，OKR 中的 KR 是 Key Results；A 强调的是实现目标的方法、路径，更像一种策略，不如 KR 那样容易衡量，Action 的描述中会存在缺乏可衡量性的情况。

如果没有办法衡量，就既无法判断是否支撑目标、相互对齐，也无法进行验证、复盘。原来的设想，是不想有数字，担心有 KPI 式的考核负担，从而让大家有顾虑和保守意识，无法进行大胆思考，限制了大家的想象。随着 VAU 的深入实施，大家有了这个意识后，开始借鉴 OKR 的一些原则进行优化。比如，李斌在制定自己的 VAU 时，也会关注 A 是否符合 SMART[①] 原则。

① SMART 即：Specific（具体的）、Measurable（可衡量的）、Attainable（可达到的）、Relevant（相关的）、Time-bound（有时限的）。——编者注

同时，在 VAU 实施过程中，蔚来汽车也遇到了不少挑战：

第一，有人不理解，同之前的管理模式相比，用这种偏自驱的、不做强制要求的方式来做目标和过程管理，会有人觉得不适应。

第二，需要填写很多 paperwork（文件资料），比较耗时。

第三，VAU 的目的之一是促进组织内部的对话和沟通，有些组织因此增加了团队内部交流、共创、复盘等活动，有些组织内部并没有促进这类沟通，只是填写、发布，比较机械。

第四，公司一些已有的工具 / 体系，如项目管理系统等，与 VAU 略有重合。

第五，VAU 倡导挑战，但是有些岗位的基层员工从事的日常工作内容比较固化，偏重于完成任务。

第六，VAU 的目标 / 过程管理和 EI 的工作成果评估，这两者之间究竟是什么关系，对于习惯了传统 KPI 绩效管理的员工来说，不太容易理解。

这些挑战，在 OKR 落地过程中也会存在。后续，蔚来汽车计划除了对全员进行 VAU 的理念、使用技巧、提升沟通对话能力等方面的宣导 / 赋能外，还重点加强对团队管理者的赋能，让业务部门的日常管理能够真正围绕 VAU 来开展。HR，尤其是 HRBP 将更多地深入业务场景，通过组织和主持业务会议，包括目标共识会、跟踪会和复盘会等，让这些共创和对话成为组织的标准动作，让这些沟通对话走得更深、质量更高。未来，蔚来汽车的 VAU 运用将从入门走向精通，在加大对管理者赋能的同时，促使每个成员做好自我管理，横向协同，共同实现公司的奋斗目标。

姚琼工作室的建议

如何处理 OKR 与 KPI 的关系

OKR 管理模式有一个明确的规则：OKR 评分不直接与考核、激励挂钩。如果我们要导入 OKR，那如何处理它与现有 KPI 体系之间的关系呢？蔚来给了我们很好的探索参考。

是否要放弃 KPI 体系？

如果要放弃 KPI 体系，存在一个挑战：如何评价员工？如何分配奖金？

虽然有谷歌的绩效管理实践为我们提供最佳示范，

我们还是存在疑惑：这是否适用于我们的企业？毕竟，绝大多数的企业还是采取 KPI 考核体系来管理，虽然有不足，但路径、流程成熟，员工都有普遍的认知且能接受。更重要的是，我们一直崇尚的管理思维是：没有衡量，就没有管理；奖惩可以激励员工，从而保证和提升绩效。

OKR 毕竟是一个新的工具，是否能产生我们期望的结果呢？

如果实施 OKR 而放弃 KPI 体系，如何考核呢？直接用分数来挂钩，就与 OKR 管理规则有冲突，就不能实现“挑战”的效应，这样不是又回到原来 KPI 中的“博弈”状态了？如果不用分数挂钩，那如何评价呢？如果是综合评价，那怎么保证管理者是公正客观的呢？如何监督管理者呢？这带来了一系列的问题。

另外，OKR 强调内部动机。但是，我们一直习惯使用的是外部物质激励的方式，因为这种方式不仅合乎我们的常识，而且它是实实在在的，而非如内部动机那样无法用语言描述的。强调内部动机的方式挑战了“管理者常识”和“员工的期望”。那如果实施奖金激励，该如何制订奖金方案呢?

我们建议：在导入 OKR 初始阶段，使用“改良”而非“革命”，逐步地推进。将 OKR 作为目标管理工具、过程管理工具、沟通工具来使用，逐步让员工掌握 OKR 管理技能，使其成为工作习惯，OKR 产生一定的效果后，再考虑如何将其与考核进行有机关联，甚至重新思考考核体系设计。

OKR 与 KPI 并存，如何处理两者之间关系？

当下，许多企业在实施过程中，采取 OKR+KPI 双轨并行模式。将 KPI 作为考核工具，将 OKR 作为目标管理工具。

首先，我们要分析考核频率及奖金挂钩的设计。在实践考核中，存在以下三种主要模式。

模式 1：年度考核，年度考核结果与年度奖金及其他人事激励政策关联。

模式 2：年度考核 + 阶段考核（季度 / 月度），

年度考核结果与年度奖金及其他人事激励政策关联；阶段考核结果与阶段奖金挂钩。

模式3：年度考核+阶段考核（季度/月度），年度考核结果与年度奖金及其他人事激励政策关联；阶段考核结果不与奖金挂钩，但影响年度考核结果。

我们可以做以下处理：

对于模式1，年度考核政策不变，配套OKR季度的日常管理和追踪。

对于模式2，可以考虑取消阶段考核，考核奖金变成OKR实施的奖金方案，只奖不罚。如果员工绩效差，通过过程中反馈与绩效面谈来处理。

对于模式3，可以考虑取消阶段考核。对于年度考核，以KPI结果为主，辅助参照OKR整体完成情况/表现/贡献度/影响力，综合确定考核结果。

在目标设定阶段，将KPI与OKR关联起来。

根据每个阶段 KPI 的要求，选择完成难度大、重要性高的 KPI，将其转化为 O。然后根据目标，思考完成目标的关键策略，确定每个策略期望达到的效果，将其转化为 KR。当然，OKR 的要求应该高于 KPI，KPI 可以作为 OKR 的底线（也就是 0.7 分应达到的效果）。

我们要记住一点，没必要将所有的 KPI 都转化为 OKR；每个阶段没必要选择相同的 KPI，可以根据 KPI 的状况和阶段重点来选择。

虽然当下的 OKR 实施，OKR 与 KPI 并存模式占主流，但未来，目标管理体系与考核体系需要重塑。新的绩效管理体系设计，需要考虑目标的管理、员工的识别、激励体系几个模块，要搞清楚每个模块的关键与管理逻辑，然后再思考彼此的关联贯通。

其中，在绩效考核方案设计上，有一个趋势需要注意：通过多方面反馈来保证考核的客观性。这在一些敏捷组织和新的绩效管理变革上呈现得非常明显，参考全球绩效管理趋势，整体向创新与敏捷绩效管理迭代。绩效考核不再单纯依据分数或者完成度进行，而是既强调工作成果或价值贡献，也强调工作方式，比如创新、协同、用户导向、持续学习等组织期望的员工行为。同时，虽然依然以上级评估为主，但强调目标公开透明，而且越来越多地引入多维度反馈，如团队成员反馈、客户反馈、大部门校准等，来共同确保考核的公平、公正。总而言之，绩效考核是一个难题。我们要重新思考绩效考核的目的与应用，综合考虑绩效考核的设计，有效平衡优势与不足。

第九章

京东：OKR 与敏捷开发、项目管理的综合应用

OKR给目标与绩效管理领域带来了轰轰烈烈的变革，无论是互联网组织、新兴创业公司，还是传统体制内企业，都纷纷采用OKR来进行组织管理的升级。一个组织的卓越绩效一定会得益于各类管理实践的综合效果。

当前不同的领域也涌现出各类有效的方法来解决相应的问题。如在以项目为单元交付目标的领域出现了项目管理，在产品开发领域出现了敏捷开发。

而在100多年前，专门研究组织的前辈切斯特·巴纳德（Chester I. Barnard）就已经明确告知我们“组织存在的理由就是为了实现目标”，那么，我们就期望组织在制定和实现目标的过程中，能综合运用诸如OKR、项目管理以及敏捷开发等方法，给组织带来“1+1 ＞ 2”的效应。

要对各类方法进行综合应用，我们就需要对每个方法有具体的了解，知道了这些方法到底可以解决哪些问题，以及是如何解决的，我们就能知道它们之间的关联，综合运用的时候就会得心应手。

本章将结合京东落地OKR、开展项目管理以及敏捷开发过程中的经验，分享这三个方法的核心价值以及这三者是如何互相支撑、发挥作用的。

变革背景

2019年开年，京东零售CEO徐雷在分享中重点讲到了零售在组织管理上面临的挑战，其中他提到“唯KPI论”给京东带来了很多组织能力和过程文化方面的问题。在这样的大背景下，京东零售正式开启了一系列变革，而在目标和绩效管理维度就是期望通过OKR实现去KPI的转型。

同年，京东CHO（首席人力资源官）体系邀请姚琼老师给京东零售进行了OKR培训和辅导。在姚老师培训完OKR后，京东内部依托3C、平台生态部等前中台部门做了OKR落地试点。

下面分享平台生态部OKR落地的一些具体工作：

1. 基于OKR的日、周、季度的工作方式，持续跟进目标的进度、风险和变化。团队基于形成共识的OKR展开每天的工作，把每天的工作项贴在物理看板中，分为 to do（待完成）、doing（正在做）、done（已完成）三列，并举行每日站会，每日站会结合看板进行“三问”：1. 昨天的进度；2. 今天的计划；3. 遇到的问题 & 阻碍。如此每天一个闭环，可以有效识别并跟进 KR 实现过程中的问题。

2. 京东内部有写周报的模板。周报中，会具体呈现 O 和 KR 的内容，并对 KR 采用百分比以及信心指数来量化进度、问题和风险。此外，周报里还会增加一项内容——OKR 变更情况说明，由此来管理 OKR 在实施过程中的变化。

OKR 工作周报

1. OKR 进展

O：……

KR1：……（进展：X%，信心指数：0~10）

1）……

2）……

3）……

问题 & 风险：……

KR2：……（进展：X%，信心指数：0~10）

1）……

2）……

3）……

问题 & 风险：……

2. OKR 变更情况说明

1）既定的 OKR 变化：……

2）拥抱变化新增的 OKR：……

此外，OKR 的使用还带来了透明、协作和敏捷的文化，并加强了大家对于目标制定的自驱力，告别了总是等着领导者派活儿的状态，给部门绩效带来更多突破。

在部门导入 OKR 并落地运营了一段时间后，团队发现 OKR 和京东内部原有的比较成熟的项目管理和敏捷开发这两种方法，在理念、方法论和实践上有很多共通之处，于是开始了三者相结合的探索。

什么是项目管理思维?

美国 PMI（采购经理指数）项目管理协会于 1970 年左右提出了项目管理知识体系，该协会基于这套知识体系推出了项目管理专业人员资格认证：PMP（项目管理专业人士资格认证）。国内自 1999 年开始推行 PMP 认证，并由此培养了大批优秀的项目经理人。

那到底该怎么理解项目管理呢？我们做任何事情，都会首先设定一个目标。若要制定一个靠谱的目标，我们可能还会使用SMART原则，该原则会提醒我们做事情要有时间观念。一个目标一旦有了时间的约束，就要思考如何做出更好的计划，以在有限的时间内去实现目标。而在计划的讨论中，我们不知不觉都会使用项目管理思维。

在项目推进（或者目标实现）的过程中，我们可以把一个项目从十个维度来进行拆解，为项目参与人员提供正确的统一语境，让我们讨论的事情更加聚焦，从而促使一个项目取得成功。而聚焦的这十个维度就是：

整合　范围　进度　成本　质量

人力资源　干系人　风险　采购　沟通

项目管理几十年的沉淀和发展，给予我们最大的价值就是：通过这十个维度的思考，可以提高完成任何一个目标的成功率。

只要我们有一个目标，为了更好地实现目标，获得最终的结果，我们都可以使用这十个维度来做好计划，加强管理，更有效地促进结果的达成。

京东有着非常浓厚的项目管理文化氛围，大部分部门都会成立PMO（项目管理办公室），而PMO的主要职责和使命，就是通过这十大维度来有效促进目标的高效成功交付。

什么是敏捷产品开发?

2017 年 10 月份，京东创始人在一篇名为“第四次零售革命下的组织嬗变”的文章中提到了 VUCA 环境。

在 VUCA 环境下，我们需要更加关注组织该如何做出调整和反应。

文中提到：“不稳定性要求我们的响应更加敏捷；不确定性意味着企业需要收集更加系统、全面的信息；复杂性要求企业进行组织重构；而模糊性则需要我们带着开放的心态，对可能的机会进行试验求证。”

那么，组织到底该如何“敏捷响应”呢?

每个组织都是通过产品交付来传递价值的，在 VUCA 环境下，只有产品开发和交付敏捷了，组织才能更好地响应市场和环境的变化，所以我们需要制定短期的产品交付迭代目标，这就是敏捷产品开发的精髓。

只有把传递用户价值的产品交付目标变小，周期变短，我们才能够真正拥抱外部的用户需求变化，及时收集全面的信息，在不断试验迭代中前行。

敏捷产品开发 vs 瀑布产品开发

软件开发分为瀑布式开发和敏捷开发两种模式：

瀑布式产品开发：软件开发中的一种传统模式，前期会花很长时间来确定大量需求范围，并通过文档驱动，严格按照预先计划的需求、分析、设计、编码、测试的步骤进行，过程中进行严格的需求变更控制，一般一个交付周期为半年至一年，甚至也有更长的。

敏捷产品开发：2001 年的敏捷宣言，开启了软件敏捷开发的时代。该模式强调进行短周期迭代以满足用户需求，边开发边求证，一般一个迭代的开发周期为 2~3 周，甚至还有更短的，一周就迭代出一个小版本进行发布验证。

我们可以看到，瀑布式开发模式周期太长，前期会做大量需求论述和范围确定的工作，然后再进入开发阶段。而在变化成为常态的情况下，花大量时间论证的用户需求在进入开发阶段时可能早就发生了变化，如此，瀑布式开发模式显得僵化，缺乏灵活性，容易开发出无人问津的产品。

相对于瀑布式开发，敏捷开发通过短期迭代，建立迭代式小目标，灵活响应外部用户需求的变化，这样就能让交付的产品更加及时贴合外部用户的需求，促成组织开发和交付出更符合趋势的产品，从而获得组织绩效的突破和成功。

2017年开始，京东平台生态部的产研部门就在进行敏捷转型，改变传统的瀑布模式，并在京东内部兄弟部门持续布道和培训敏捷开发方法，让京东更多部门开发出来的产品更符合用户需求。互联网的快节奏，外部环境的快速变化，天然地使得敏捷开发特别适用。

OKR与敏捷产品开发都倡导灵活取得组织绩效

按照一定周期（比如字节跳动两个月制定一次OKR，京东按照季度来制定OKR）制定完成OKR后，整个目标管理就进入了执行阶段。

在整个执行过程中，为了更好地实现目标并达到关键结果，OKR搭建了一套“敏捷式”的日常工作法：每天看板日会、周会、月度和季中的回顾会等。

在这些会议中，与会人员不仅可以及时跟进进度、把控风险，对组织起到更好的绩效达成作用，更重要的是，在这些会议中他们也会问诸如“OKR是否需要调整、是否需要新增OKR”的问题，类似于这样的提问就是在不断地管理经营变化。

通过用好OKR，组织能拥有与经营环境及时互动的能力。毋庸置疑，在VUCA时代，组织想要敏捷、灵活地响应外部变化，在目标管理维度落实才是根本，而OKR很好地完成了这个使命。

同样地，敏捷开发就是通过短期迭代的方式来交付用户需求，敏捷团队每次在开迭代计划会定目标时，都会重新梳理出优先级最高的需求放入迭代周期中，而不是计划做一个大而全的需求池。

敏捷团队的迭代开发周期一般是 2~3 周，这个周期内排入的需求每个迭代都是重新按照优先级来定的，而每次不同的优先级，就是对外部市场的变化做出响应的结果。

所以说，敏捷产品开发的应用，同样可以让组织具备超强的与外部环境及时互动的能力。

敏捷团队使用了 OKR 之后，更为敏捷产品开发提供了助力。每一次迭代，OKR 的更新都是基于对市场环境的再次判断，通过 KR，还可以管理好产品需求的周期性变化，从而灵活取得组织绩效。敏捷团队没有敏捷的目标，就是“伪敏捷”，目标的敏捷性才是敏捷产品开发最根本的拥抱变化的能力。

用项目管理思维来提高每个 OKR 的成功率

项目管理一定是在目标框架下进行的一系列管理动作。而且无论什么项目，一定要有产出和结果。所以项目管理能天然地和 OKR 结合在一起应用。

典型的项目型 OKR 长什么样？

京东落地 OKR 应用时结合了项目落地过程，团队发现一个项目会有典型的里程碑节点，在这些节点一般会有关键的定性或者定量的产出，如曾经的某项目型 OKR 是这样的：

O：打造行业领先的商品运营阵地，为商家降本增效

KR1：8 月中旬，通过行业调研及竞品分析、商家和事业部调研，产出调研报告和结论，精准识别商家商品发布的痛点问题；

KR2：8 月底，通过统计商品发布页商家使用时长，用数据来验证识别的商家商品发布痛点问题假设的合理性；

KR3：9 月 30 日前，圈定商品发布改造的试点商家，通过试点类目的智能商品发布流程简化版 MVP（最简化可实行产品）上线，灰度覆盖至少 X 个三级类目，保证商品信息自动填充率达 X% 以上；

KR4：在 10 月 31 日前，完成 X 个三级类目的智能简化版商品发布的扩充和应用，确保商品信息自动填充率均达 X% 以上。

在该案例中，我们可以看到，每个 KR 都有明确的时间节点，

而且对于探索型项目，项目阶段性的产出会经历“调研—数据验证假设—试点应用—规模化扩张”的过程，并不是每个阶段都会有量化业务效果的数值结果，前期会以“调研报告、验证假设有效性”作为关键产出，项目进入试运行和规模化运营阶段，才会产出量化的业务效果，就像该案例中，到了“9 月 30 日 和 10 月 31 日”两个时间节点，才会有“商品信息自动填充率达 X%”的量化业务效果。

此外，通过从 4 个 KR 对该项目的 4 个重要节点来管理关键产出来看，对于 KR 的制定粒度，我们没必要把项目中每天的工作都写到 KR 中，而是写出项目关键时间节点的关键产出。

在时限上，项目型 OKR 可以不遵循季度 OKR 周期的制定规则。为了项目管理的连贯和持续性，以项目的起止时间来展示一个完整的 OKR 会更加合理，之后再加入阶段性 OKR 跟踪。比如这个项目就是横跨了 8—10 月，跨了不同季度。

OKR 过程会议与项目管理的关联

基于上述的这个项目型 OKR 案例，为了更好地实现项目每个阶段的 KR，团队会组建项目团队，形成项目团队的工作方式，而在工作方式中会有各类项目会议，其中典型的有：

1. 项目组结合物理看板的每日站立会议

2. 每周的项目周会（京东还会有项目周报）

而开这两个核心会议的目的，就是把控项目阶段性 KR 完成的进度、风险、质量和人力资源、沟通等方面的问题，项目经理会从这些维度来进行跟进，有效促成项目每个 KR 的达成。此时，以项目为单元，实现项目目标的过程会议就和 OKR 所倡导的过程管理会议建立了联系。

实现 OKR 的过程，诸如 OKR 每日看板站会、OKR 周会、OKR 月度 / 季度盘点会，以及相关的 OKR 进度 XX%，OKR 信心指数，OKR 的“to do、doing、done”的物理看板等都是有效跟进实现目标过程中进度、风险、质量、人力资源和沟通问题的落地实践。

对于项目而言，项目管理一般还会进行项目复盘，这就和 OKR 的复盘更加契合，形成了目标管理的闭环。用 OKR 来制定和“共识”更加具有挑战性的目标，而用项目管理来管理好实现 KR 的过程，可以更好地促进 KR 达成。

总结一下，OKR 所倡导的过程会议，本身就是在提升一个团队或者组织的项目管理能力，而这些能力会帮助我们更好地暴露和管理好过程中进度、风险、质量、资源、沟通等方面的问题，有效促进实际 KR 达成，这就是 OKR 与项目管理的综合应用。

OKR、敏捷产品开发和项目管理三箭齐发

京东作为一个电商平台，有一系列产品和服务，有的面向C端，有的面向B端，在面向B端的产品中有一款名叫“京麦”的App，是商家日常经营管理的工具产品。

这个敏捷团队就采用了“OKR+敏捷开发+项目管理”的方法，来帮助团队灵活获得业务绩效结果，在某个季度的团队规划中，制定了如下的OKR：

O：大大提升京东商家移动化办公水平以及满意度

KR1：咚咚短语音功能上线，使商家可以采用多元方式及时和客服沟通；

KR2：商家可以在移动端搜索商品详情；

KR3：优化移动端商品发品功能，商家可以在移动端一键发品；

KR4：运营侧基于上线功能对商家进行培训宣贯，使商家对京麦App的满意度达XX分。

通过这3个核心场景的功能上线，团队在发版后都会对商家进行调研，收集对各项功能的应用情况，希望在整体上提高商家对于该App的满意度。而且，为了提高京麦App移动化率

和商家满意度，团队计划采用两次迭代发布的方式来上线所有功能：

第一轮迭代实现咚咚语音和商家可以搜索商品详情的功能。

第二轮上线“一键发品”并进行运营培训工作。

接下来，为了实现 KR1 和 KR2，团队进入了敏捷开发第一轮迭代阶段。敏捷团队基于 Scrum（迭代式增量软件开发）方法，从对 KR1 和 KR2 的需求梳理开始，召开了需求梳理会和迭代计划会，确定了一个为期 3 周的迭代上线计划。

然后在进入敏捷迭代的每一天，团队基于物理看板进行每日站会，在每日站会上跟进实现 KR1 和 KR2 的进度，这里整合了项目管理的知识和方法，团队把这种方式称为每日看板项目管理。通过每天的跟进，可及时暴露整个迭代过程中的问题，促成每个迭代目标的顺利完成。

3 周后，团队上线完 KR1 和 KR2 的功能，及时开展了敏捷复盘会，一方面复盘了在迭代开发过程中有没有值得保留的优秀做法，一方面也回顾了亟待改进的做法。

更重要的是，在复盘会上业务侧提出，他们在对商家进行调研、收集问题和需求时发现，商家对于优惠券的使用情况特别关注，而对于一键发品功能其实并不是很在意。也就是说，商家觉得只要能在移动端发品就可以了，至于是不是“一键发品”，让操作变得更加简单，其实并不是那么在意。

在这样的背景下，通过对业务场景的复盘，结合外部用户的声音，团队及时调整了该季度的 OKR：

O：大大提升京东商家移动化办公水平以及满意度

KR1：咚咚短语音功能上线，使商家可以采用多元方式及时和客服沟通；

KR2：商家可以在移动端搜索商品详情；

KR3：移动端具备优惠券使用情况的数据看板能力（变化）；

KR4：运营侧基于上线功能对商家进行培训宣贯，使商家对京麦 App 的满意度达 XX 分。

经过调整，团队删除了原来的 KR——优化移动端商品发品功能，商家可以在移动端一键发品，增加了新的 KR——移动端具备优惠券使用情况的数据看板能力。因此在第二次迭代时，团队实现的是更新后的 KR3 需求。

通过及时拥抱外部用户需求的变化，及时更新 OKR，及时解决商家（即用户）最痛的痛点，团队在该季度商家满意度调研中取得了非常高的业绩。这就是通过不断迭代开发交付产品，再收集用户反馈，及时响应外部市场和用户的变化，及时调整OKR给业务绩效带来突破的典型案例。

敏捷团队能取得更好绩效的原因是每个迭代的需求内容都是动态调整的，每次调整都是依据产品上线后市场上的反馈做出的新的决定，而非在一开始就定了一个季度甚至半年的开发计划。

上述案例就把“OKR+敏捷产品开发+项目管理”紧密结合在一起发挥作用：敏捷团队基于OKR来管理产品开发迭代目标，每次迭代可能都会对原来的OKR进行更新调整，以匹配最新的市场动态。而在每个迭代过程中，团队都是基于项目管理的知识点来管理迭代目标实现过程中的进度、风险、沟通、质量和资源等相关问题，促成每个迭代的KR达成的。

总结

综上所述，大家可以看到一幅“OKR+敏捷产品开发+项目管理”的综合实践关联图（见图9-1）。想要用好这三个方法，灵活地给组织绩效带来突破，我们要记住以下4个理念和实践要点：

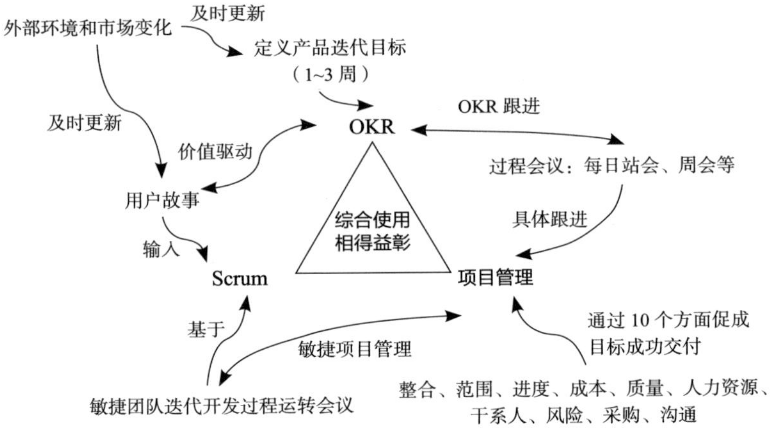

图 9–1 “OKR+ 敏捷产品开发 + 项目管理”的综合实践关联图

1. OKR 是一个系统的目标管理方法，涉及了从目标制定到目标过程管理再到目标闭环管理的全过程，而且 OKR 打破传统的僵化绩效管理模式，灵活应变，敏捷取得组织绩效。

2. VUCA 环境下团队必须要掌握敏捷思维。其核心就是让产品开发的周期变短，迭代式交付产品，及时收集外部市场的反馈和变化，这样才能开发更加符合用户期望的产品。此时，结合 OKR 对于目标管理的灵活性，可以有效将 OKR 和敏捷开发结合在一起，用 OKR 来牵引敏捷团队制定迭代目标并及时调整目标，目标敏捷了，敏捷产品开发才是“真敏捷”。

3. 项目管理是一种通用的方法，只要涉及目标，就可以从整合、范围、进度、成本、质量、人力资源、干系人、风险、采购、沟通这 10 个维度进行把控，有效促成目标的实现，所以项目管理方法可以应用在 OKR 的实现过程中。换句话说，把 OKR 所倡导的过程会议开好，就能提升一个组织的项目管理能力，有效促进每一个 KR 的达成。

4. 这三个方法串联在一起的应用步骤：首先从 OKR 出发，制定敏捷团队产品迭代目标；每个迭代上线了产品之后，要及时收集产品的运营数据情况；然后及时开复盘会对数据进行分析，产生对用户需求的新的洞察；最后再对 OKR 进行调整，形成新的产品迭代目标。如此往复，敏捷地取得业务绩效结果。在整个迭代开发过程中，把 OKR 的过程管理会议如每日站会、每周周会开起来，关注 OKR 实现过程中的进度、风险、沟通、质量和资源等方面的问题，提升过程项目管理能力，就能有效地促进每个迭代 KR 达成。

姚琼工作室的建议

OKR 与项目管理的融合

项目管理是指组织在面对复杂问题时，精心策划、组织，以在资源有限的情况下实现设定的需求和期望的过程。

随着互联网的发展和技术进步速度的加快，市场变化越来越快、越来越复杂。传统的项目管理方法难以适应新时代业务发展的挑战。敏捷项目管理是为了应对新变化而开发的新的项目管理方法，其中 Scrum 是使用最广泛的敏捷项目管理的方法与框架。它主要在软件开发中使用，但现在开始逐步向其他复杂项目扩展。

如果做个分类，项目管理可以分为传统项目管理和敏捷项目管理，其中 Scrum 是敏捷项目管理中的一个框架。任何项目管理都包括三个最主要的要素：范围、进度（时间）、成本。传统的项目管理与敏捷项目管理最主要的区别在于对“范围”的管理，范围会影响进度与成本。传统项目管理强调一次规划，严格遵循；而敏捷项目管理强调小步迭代。

目标设定应该是项目的起点和项目管理最重要的一步。完成了目标设定后，项目管理就转移到项目任务规划、进度监控、资源协调上，以保证在限定时间、资源下完成项目交付。潜在的假设是“任务交付完成，项目目标实现”。但遗憾的是，有的时候，我们完成了项目所有的任务，但与目标好像还有很大的差距！这个原因可能有三个方面：

1. 大家往往忽视了对目标的深度思考，直觉性地提出“应该做什么”。所有的项目或任务都是为了实现我们的业务期望，而不是任务或项目本身。
2. 项目往往会涉及多层级、多部门人员，除了项目发起方与项目经理，很多人只看到了自己负责的任务，并没有能看到大局，从而有可能在执行过程中从专业的视角出发，而非从大图景出发去设计与执行。
3. 在执行的回顾中，仅仅从任务进度与质量两个方面去思考，而忽视定期对项目目标进行反思。

我们回到项目目标上，它对成功的界定应该包括三个方面：

1. 项目交付成功：它主要解决对项目管理的三要素（范围、时间、成本）的管理。它通常在项目执行期间用“里程碑（进度）”来度量成功。
2. 交付效果成功：主要对关键交付物所产生的效果进行管理。任何交付物其实都希望解决某些具象的业务问题，它可以在项目执行中间物交付后进行度量。比如，“实现一键查询”“稳定性达到XX”等。
3. 商业成功：商业成功是指项目交付完成后对组织带来的价值，一般在项目整体交付后进行度量，一般会用收入、客户、竞争优势等来度量。

项目管理往往是从第一个层面来度量与管理，而忽视对交付效果与商业成功的度量。但这两个方面的度量是最关键的，这正是 OKR 可以发挥作用的地方。

OKR 为项目提供“指北针”，定义“为什么”，为大家沟通、协同、自主提供良好的基础。

如果从广义的项目管理来说，项目支撑 OKR 实现。OKR 与项目管理的关系如下：

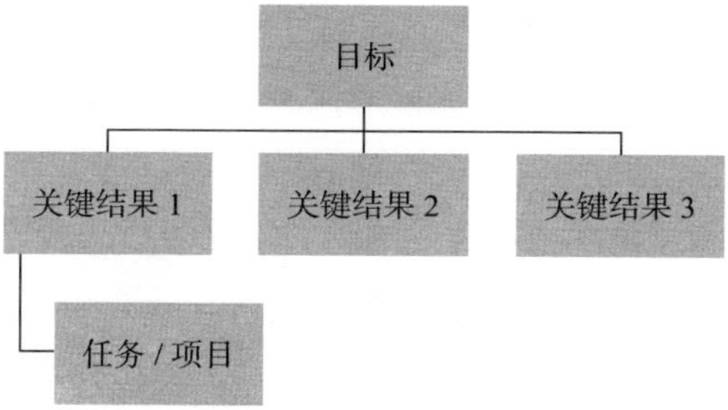

图 9–2　OKR 与项目管理关系图

比如：

O：扩大商机，以支撑收入突破 XX 亿

KR1：通过专业会议，抓住商机实现销售收入 XX 亿

我们假设“行业会议是获取商机的一个非常有效的方法”，那么可能会组织一个“XX 产品推广会”项目，项目可能会涉及品牌、技术、销售等部门，需要多方面

进行准备和资源协调，为了及时交付，甚至会进行细致分工和进度规划。

任务 1：场地——行政

任务 2：宣传物料——品牌

任务 3：产品演讲——技术

任务 4：嘉宾邀约——销售

……

项目来源于 OKR，以支撑 OKR。项目管理主要是对项目的管理，而 OKR 是指引项目成功的“标尺”。项目管理能有效保证 OKR 实现，但项目管理不能替代 OKR。我们既要关注项目进度，也要对准 KR，也就是“既要低头看路，也要抬头看天”。

如果是已确定好的项目，比如产品 / 变革项目，OKR 与项目管理的关系如图 9–3。

在定义好项目后，要与项目发起者讨论项目的出发点，考虑项目关键利益者的诉求，定义项目 OKR，将 OKR 作为项目指北针。有了项目 OKR，再去考虑项目规划，以使规划在有限资源下更好地促进项目 OKR 实现。

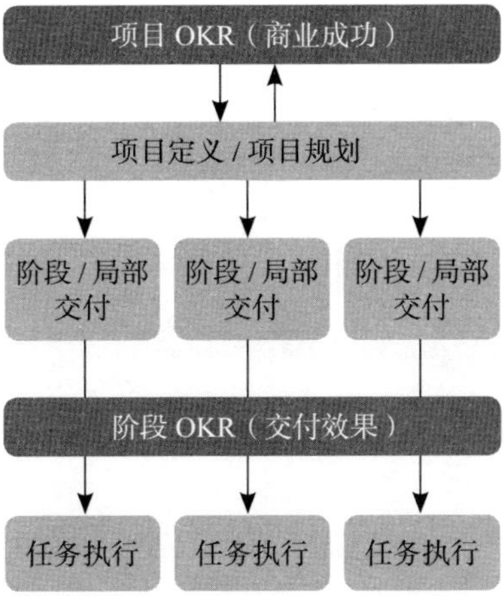

图 9–3　OKR 与项目管理关系图

根据项目规划，组织要在时间、空间上进行划分，明确阶段 / 局部交付物。在定义了阶段 / 局部交付物之后，还要在项目 OKR 指引下，考虑阶段性 OKR 设置。阶段性 OKR 要关注用户 / 业务具体需求，以思考交付后所期待带来的变化。然后再根据时间、空间进行任务设计，并定期跟进，以保证交付。这在项目管理中就是 WBS（工作分解结构）。

我们会发现：OKR 强调目标管理，关注效果与价值；项目管理强调任务管理，关注进度与质量。

和项目管理一样，OKR 与 Scrum 也可完美融合。OKR 回答如何创造价值的问题（我们想要创造什么价值？我们想要实现什么？）。Scrum 定义的工作内容应该源自 OKR 定义的目标，它可以帮助组织高效快速地实现设定的目标，完成规划的任务。

我们来看一个例子，以说明这两种方法究竟是如何融合的。

一家杂志社想推出一本新的商业杂志，为此组建了一个项目团队。该团队同时使用 Scrum 和 OKR。他们通过多次讨论后，确定了这本商业杂志要达到的目标是：让读者对当下经济话题了解更深入。为了观察是否实现了目标，他们又定义了几个关键结果：

KR1：阅读量达到 XX

KR2：平均阅读时间达到 XX

确定了关键结果后，他们每周都会“签到”，讨论关键结果及其进展。另一方面，他们会在两周的冲刺周期中计划 Scrum，在每个冲刺开始时定义目标，比如第一个 Sprint（冲刺）的目标是："围绕主题 X，为读者提供经过充分研究的、最新的和有趣的内容。"

在 Scrum 板上，一般有 4 列：Product Backlog（产品待办事项）、Sprint Backlog（冲刺积压）、In Progress（进行中）和 Done（完成）。"Product Backlog"包含所有需要处理的任务。上面提到的任务可以是"写一篇关于 OKR 和项目管理的文章"。在每两周一次的 Sprint 计划会议中，团队确定他们想要在接下来的两周内处理的"Product Backlog"中的任务，然后将它们移至"Sprint Backlog"列。任务在进行中，负责的团队成员就会将任务移动到"In Progress"列。在实践中，此列通常分为几个步骤。例如，可能有另一列存储需要其他团队成员反馈的任务。当一个任务完成时，它会被移到"Done"列。在每个冲刺结束时，有一个冲刺回顾会议。团队在冲刺回顾会议上讨论他们完成了哪些任务以及遇到了哪些困难，然后推导出新的 Sprint 任务，要认真考虑从前一个周期中吸取的经验教训。在随后的 Sprint 复盘会上，团队会讨论他们的工作、使用的工具和流程、如何在下一个 Sprint 中改进计划等。随后是另一个 Sprint 计划会议，明确 Sprint 目标和下一个需要处理的任务。这个节奏在整个季度内重复。

在每周的“签到”中，重点是关键结果。这些更高频率的会议使团队时刻牢记总体目标。如果 Sprint 中的任务已完成，但仍无法推进关键结果前进，则团队应该调整 Sprint 目标。因此，OKR 有助于项目管理的敏捷化。

第十章

工具助推 OKR 落地：Tita 软件的设计思考

企业工作要推进顺利，每个团队必须清楚当下在做什么，未来要做什么。对于管理者来说，清晰了解每个团队成员目前正在做的工作，是管理的第一步。在过去的十年，Tita（OKR和持续绩效管理平台）一直聚焦解决如何让企业内部更高效、更便捷地进行工作管理。

然而在过去的实践中我们发现，这种偏日常协同的工作管理对于企业来说总是“不痛不痒”，或者也可以说“稍微有点痛稍微有点痒”，Tita也一直在探索目前企业管理的最大痛点究竟是什么，管理问题的本质是什么。直到三年前遇到了OKR目标管理工具，这一切逐渐有了答案。

OKR“落地”成为最大的障碍

前几年，OKR 在中国还仅仅是一小拨企业甚至一小拨研究者在使用，很多人对这个方法不太熟悉。当时在中国，线上的协同办公更多地集中在协同沟通，像企业微信、钉钉这样的在线沟通平台。而在海外，十年前 OKR 的推进和实践就已经做得有声有色了。谷歌对 OKR 的成功实践，让大家感受到 OKR 在企业管理中的魔力，国内的管理者们开始逐步引入 OKR。

Tita 也在和客户的接触中逐步洞察到了大家对 OKR 目标管理的潜在需求。但在前期的客户调研中 Tita 发现，很多企业虽然想推进 OKR，但是对于怎么落地、怎么推进、怎么构建 OKR 的文化，还处在初步摸索的过程中。在这个过程中，有大量客户反馈“落地”成为最大的障碍。

OKR 是目标和关键结果，它像一盏明灯照亮了我们要走的方向。但日常的工作往往是通过周度、月度和季度计划落地。这两者如何衔接？Tita 开始逐步探索、深入研究，围绕 OKR 落地中的各种场景与挑战，将工作项目和任务与 OKR 有机结合在一起，形成了 OKRs-E 目标管理落地框架。

OKRs–E 是一个完整的目标管理框架，包括目标制定、目标达成检验，以及达成关键结果的具体执行计划。O 是目标，KR 是关键结果，E 代表计划执行。目标描述了我们想去哪里，代表了一个明确的方向。KR 是对目标的衡量结果，它描述了目标如何实现。那怎么才能实现关键结果呢？需要安排什么样的行动计划来支撑关键结果的完成？这就是 Tita 提出的 E 执行，也就是计划执行。E 执行帮助我们规划好实现关键结果的路径，通过项目或任务的逐步完成，实现关键结果达成。

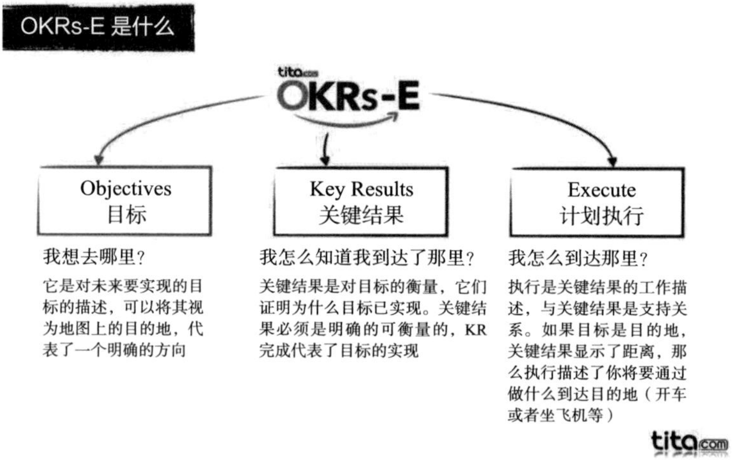

图 10–1　OKRs–E 目标管理落地框架

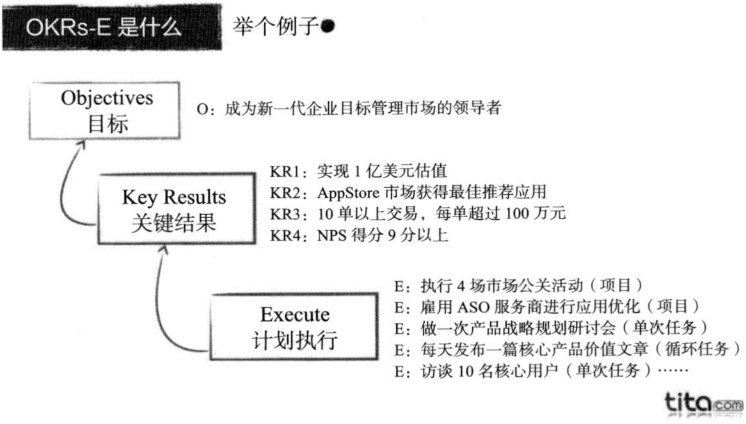

图 10–2　OKRs–E 目标管理举例

如何通过 OKR 落地企业战略?

研究表明，OKR 是一种能将企业战略落地的管理工具。那么，用了 OKR 以后企业战略就能真正落地吗？为什么有的企业用了 OKR 以后成功实现了业务目标，完成了企业变革，但是很大一部分企业即使引入了 OKR 还是一事无成或没有太大变化？是 OKR 无法帮助企业完成战略落地，还是企业自身的实践问题让目标无法达成？

通过对实施 OKR 的企业进行充分的沟通和调研，我们发现在 OKR 承接战略落地时，大家往往忽略了一个重要环节，那就是对“执行”的重视与关注。方向与结果固然很重要，但是如果没有人很好地审视或监控执行过程，那么OKR的推进效果就会大打折扣。

很多企业明明在年初的时候已经充分论证并准确定义了今年的核心目标和关键结果，但是到了最后发现还是什么也没有改变。在这个过程中，愿景和战略通过年度目标从上往下传递，从下往上支撑，OKR看似完美，但是在底层，关键结果究竟通过什么样的行动计划来完成，在大部分企业中是不完全透明的。

所谓不完全透明，指的是在一个小团队内，3~5个人之间可能相互了解别人做的事情，但是在大部门之间，甚至在跨部门协同的工作推进过程中，大家互相是不太了解具体执行过程的，往往只是在周会或月会中了解进度，很难及时获取到执行过程中的变化。

基于我们对上述问题的洞察，Tita在OKR工具中强化突出了执行对于OKR的支撑。什么是执行？执行就是为了达成结果而规划的行动计划，这种行动计划基于所涉及的人员范围、时间周期、事情的大小等，因此，可以转化为用项目或用任务来进行支撑。

如果关键结果本身就是里程碑模式的，在某个阶段达成某个关键指数，那么执行就直接用任务“To do”来支持即可。我们需要提前规划好，究竟要做什么样的事情才能保证结果的达成。

如果关键结果影响比较大，涉及多部门协作，并且短期内是无法实现的，那么建议用项目来支撑。项目可以让跨部门的人员都参与进来，同时各自进行任务分解，让每一个成员都能随时共享进度信息。项目中的变化可以随时更新传递，让工作更加透明。

因此在 Tita OKR 工具中，我们可以便捷地在关键结果下进行项目或任务的分解。围绕 OKR，究竟应该采取什么样的行动计划来支持完成，在线上所有人都能直观地看到。并且在行动过程中，大家还能互相提意见。任务完成了，关键结果就能达成吗？在每周的 OKR 回顾中，团队成员可以不停地审视关键任务的变化以及对关键结果的影响点，从而全方位保障 OKR 的达成。

Tita OKR 工具不仅仅是一个在线的 OKR 查看对齐工具，更重要的是它能通过执行将 OKR 过程协同起来，让相关人知晓过程中的所有细节。有了执行的支撑，OKR 不再是“黑盒子”，关键结果实现的路径清晰可见，OKR 的落地也就有了保障。

少年得到、宁波华德控股等很多企业在推进 OKR 的过程中，要求员工必须用任务将 OKR 实现路径设定好。它们要求团队必须在周五的 OKR 周会上共享任务进度，明确下一步的工作计划，通过 Tita 的四象限看板逐个目标进行。本周执行的关键进度变化，未来四周的计划，要不要进行优化调整，这一切都通过在线方式高效完成。

如何助力企业 OKR 透明化？

OKR 要求工作透明，透明能促使管理者与下属更好地沟通，也能让部门协同更高效，打破部门墙。透明不仅仅是公开，更重要的是随时可查看，能快速便捷地获取信息。只有更通畅地触达，才能实现真正的工作“透明”。而这通过表格、共享文档是很难实现的，需要 OKR 系统来支撑。那么，透明的工作场景有哪些？ OKR 系统设计时要考虑什么呢？

基于管理团队内部工作的透明

企业中最常见的管理就是上下级之间的管理，经理需要承担管理下属的工作。那么下属的 OKR，自然也是经理关注的焦点。

为了支撑这种上下级之间工作的天然共享，首先需要解决的是“上下级关系”的内置，也就是我们常说的“汇报关系”的内置。有了这层支撑，作为经理，无须任何设置动作，下属的 OKR 就能便捷查看。下属的 OKR、隔级下属的 OKR、向经理虚线汇报的下级的 OKR，基于汇报关系管理视角，经理都能特别方便地看到。

传统管理中，经理要了解下属的 OKR 进展，往往需要面对面找下属沟通，或主动在线上找下属要结果。经理必须去“要”或者到了固定的汇报时间，才能了解 OKR 的最新进展，这无疑费时又费力。如果遇到不主动反馈的下属，经理必须自己记住去要结果，无法及时获得反馈。OKR 系统的好处就在于，这种线下追要结果的问题，可以巧妙地通过线上来解决。

Tita OKR 系统将经理要追踪的每个关键动作都“主动”推送给经理，例如：下属调整了 OKR 的时间，下属更新了 OKR 的进度，下属将自己的 OKR 做了对齐的动作，等等。经理不用主动找到某个下属，所有跟 OKR 工作过程有关的变动都会智能推送给他。很多管理者都养成了每天不刷 Tita 动态就感觉每日工作貌似没有完成的习惯，它让经理们“上瘾”。

Tita 的客户“少年得到”，它的很多管理者每天都有一个标准动作，那就是在上班的前 10 分钟先刷一刷 OKR 动态。每天早上先了解下属工作进度的变化，让这些管理者在安排工作时更得心应手。

跨部门如何协同 OKR

OKR 是以目标和结果为导向的，让一群人围绕“事情”来展开协作，一个目标的达成，往往不是一个人可以实现的。很多企业级的目标，往往牵涉到很多部门或一群人。那么，如何实现跨部门的协同？不同部门的工作进展信息如何高效传递？

在线文档协作模式虽然能让这群人聚焦结果，却无法管控过程。OKR 系统如何解决这个问题？我们可以把与 OKR 相关的一群人聚在一起。责任人、参与人，不同角色分工的人都参与到

OKR 的推行中。这些人可能来自同一个部门，也可能来自不同的部门；他们可能是某个关键结果的责任人，也可能是某个关键任务的负责人。在整个 OKR 的推进中，这些参与人都是重要的执行者。

在协作过程中，他们共享自己的工作，任务有了进展，及时更新，执行有了阻碍，及时曝光。在目标下，所有人员都能共同掌握所有工作的推进变化。这种信息的透明、及时的传递，让 OKR 下每一个人都能实时获取最新信息，掌握别人进度对自己的影响。

基于 OKR 地图，实现 OKR 的公开

OKR 地图指的是 Tita 提供的一种目标关系查看模式，通过可视化方式结构化表现出目标之间的层层对齐关系，通过 OKR 地图可以快速预览企业目标上下支撑的全景战略关系。

OKR 中不同部门之间最关注的是目标对齐和协作，不同部门共同支撑了哪些目标。传统模式下，信息比较零散，大家无法全面掌握这种支撑关系，每个部门还是聚焦在自己负责的重点业务上。OKR 地图可以完美解决这个问题。在 OKR 地图中，全局视角的 OKR 上下对齐支撑关系，能帮助企业中每一个人清晰地看到组织下每一个目标的支撑情况和最新状况。

Tita提供了目标上下对齐的功能，部门高管可以将自己的目标对齐到领导者的目标，二三层管理者可以将自己的目标对齐到公司高管的目标。目标和目标之间，通过“对齐”实现了上下联动。而对于同一个目标，可能由不同部门的人员来协同完成，通过Tita，管理者可以将不同的关键结果负责人指派给不同的人员，事情必须责任到人，对于同一个目标，不同部门的人员分别承担其中的部分关键结果。关键结果负责人会收到及时的通知，他对关键结果的任何操作，相关人员都能及时收到动态提醒。通过这样的层层落地和协同负责，OKR可实现目标的上下对齐、左右拉通。

少年得到在推进OKR的时候，就选择让每一个人公开自己的OKR。在每一个OKR填写期结束时，大家都可以在系统中自由查看其他部门的OKR。OKR应该是Show（展示）出去，而不是藏在自己的部门或小团队内部。

组织通过清晰地公开企业的OKR，可以让全员通过OKR地图明确自己的工作和所对齐的各个层级的目标，让企业最终实现战略到落地的转型。在这个过程中,“透明化”无疑是最大的功臣。

如何让员工在挑战OKR中获得认可?

为什么OKR要有挑战性？在谷歌，OKR用来激励从0到1的突破。“十倍速”是谷歌对于业务增长的要求，它不是增长

10% 或者是 20%，而是 10 倍的增长速度，这就意味着不管是商业模型还是产品模式，都必须是一种颠覆式的创新。所以，谷歌“十倍速”增长的过程，激发的是团队的创新思维，这也是 OKR 最迷人的地方。

但挑战 OKR 往往意味着高风险，失败的可能性非常高，在这个过程中，我们要如何持续地激励员工，鼓励他们不断挑战目标？这个时候，需要搭建一套新的认可模型，以激发员工的内在动机。

全员认可是 OKR 激励的标志

在传统的绩效管理中，比如“活力曲线”，关注的是金字塔顶部的这部分员工，通过认可他们，来激发组织的活力。但除了这部分员工，其他的员工应该如何认可呢？在现在的管理手段中，相应的办法还非常欠缺。OKR 需要搭建一个全员认可的模型，关注到团队中的每一个人。这个模型有三个阶段：

1. 金字塔顶部：团队前 10% 的员工，是非常少的一部分人，需要在公司范围内表彰，一年只有一次，伴随着的是更高的物质奖励，比如年度最佳员工、年度最佳团队、年度最佳创新等奖项。
2. 金字塔中部：可能是团队中任何一个人，但依然是少数，一个季度或者一个月只有一次，在公司或团队范围内进行表彰，通常也会伴随一定的物质激励，比如月度最佳员工、销售冠军、最佳团队等，同金字塔顶部的激励相比，它是阶段性的，可以让更多人有机会拿到这个奖励。

3. 金字塔底部：任何人都可以并且应该获得激励。这种激励可以发生在任何场景、任何时间，以精神奖励为主，比如会议中口头表扬、邮件表扬，甚至是一个眼神，这是全员认可的关键。

前两种激励是已经存在的，而第三种是缺失的，是需要在 OKR 执行过程中培养的团队认可文化，尤其是在挑战 OKR 的过程中，高频的激励会让大家更有信心去挑战目标。比如当员工非常出色地完成一个工作任务后，主管可以在 Tita 系统内给予员工一句鼓励的话，或者给他打一个分、发一个勋章、点一个赞，这种互动会让员工更有动力去完成接下来的工作。

在 Tita 系统中，OKR 的进展会第一时间同步到 OKR 动态中，管理者可以针对员工的完成情况及时表达出认可，这种及时的动作往往会让员工高兴一整天，工作效率提升 50%。

员工可以通过“动态”了解到整个团队或某个同事的 OKR、项目的进展情况，当你发现某项工作取得了特别大的进展，或者同事完成了一件与自己相关的工作时，你就可以及时给他点个赞，发个“666、比心、有见地”等表情，也可以给他打赏一个红包，表达对他的认可。这种点赞可以是上下级之间、同事之间、跨部门合作伙伴之间。当你给下属或者同事安排一项工作，他们高效地完成时，你还可以给他发一个勋章，“你太棒了”，或者给他一个“10 分”，表达你对他工作完成度的认可。同时，也可以在某一个 OKR、项目、任务下给你的伙伴留言，表示对他们工作完成进度的认可，给他们惊喜。

OKR 一定要做到“全员认可”和“及时认可”，这样才能充分调动员工的内在动机，提高员工工作的积极性。

如何保障“自我管理”的实现？

OKR 能够帮助员工养成高效的工作习惯，使用 OKR 的过程也是自我管理思维形成的过程。OKR 的管理过程，大致分为五个阶段：OKR 的制定、对齐、执行、阶段总结和复盘。这些阶段都需要员工积极主动参与并持续执行。Tita 不仅是保证 OKR 落地执行的工具，而且能够用 OKR 的自我管理思维赋能每一个员工。

OKR 与 Tita 共同提升团队效能

1. 员工首先需要本人登录 Tita 系统，制定出 OKR 并且发布，任何一个员工都可以通过 Tita 系统查阅其他人的 OKR。制定出一个优质的 OKR 会让员工脱颖而出。每个人需要更加深入地思考自己的目标、上级的目标甚至是公司的目标，并且为之匹配实现的路径。

2. OKR 地图实现整个团队工作的上下对齐和左右拉通，让每一个员工清晰地知道他们所负责 OKR 向上支撑的是哪一个目标，而这个 OKR 又是由谁来支撑的，让整个团队的协同路径更加清晰。每一个人都是其中重要的一环，对他人的 OKR 达成起到关键作用。
3. OKR 落地执行过程中的追踪同样是公开透明的。员工可以看到其他人工作的进展、遇到的障碍、需要的资源，这些信息会同步给相关的人员，信息的高频交流让工作更加高效地推进。
4. 阶段性的总结是 OKR 管理的核心，比如每位员工参与每天站会、每周周会、每月月会等，通过系统内一目了然的工作整体进度，向领导和同事进行有效的汇报。
5. 评估复盘是绩效提升的关键，当一个季度的 OKR 完成之后，复盘会议开始，员工通过系统收集汇总信息、主动分享成功经验和失败的教训都可以，推动下一个季度 OKR 的制定与有效实施。

OKR 有着清晰的工作流程和管理要求，将每一个员工的优先级工作用 OKR 的流程运转起来。员工在这个过程中逐步形成自我管理的思维模式，不断提升目标管理与自我管理能力。

Tita OKR 助力员工不断自驱

系统可以实现整个团队的信息实时共享，它的好处有两个：第一个是提升团队的竞争氛围，员工之间都可以互相看到彼此的 OKR，甚至是上级的 OKR，这能够激发员工之间的良性竞争，A 看到 B 在挑战目标，就会同样产生挑战的欲望。第二个是可以改变团队的工作文化，让每一个员工获取到的信息足够全面，当需要做出决策时，可以站在更高的视角做出最正确的选择。

而这种环境，可以激励团队实现自我管理，“每一个人都是自己的 CEO”。

OKR 是一种工作法，有着一套非常清晰的工作流程，而 Tita 正是以此为基础，打造出“OKRs-E”管理框架，协助每一个员工养成自我管理的好习惯，从而实现整个团队 OKR 的成功。

如何形成 OKR 文化氛围?

OKR 是目标管理，但绝不只是树立一个目标这么简单。它需要企业找出当下周期内最重要的事情来作为目标，并且为这个目标设定衡量标准，带领所有员工在完成日常工作的基础上，抱着不妥协的决心来达成这些目标。然而，在传统的 KPI 管理中，需要考核所有的工作内容，而在 OKR 目标管理下，员工可以自主地追求目标，但要实现这一点，除了制定更多的激励制度，在思想上创建 OKR 文化氛围也是必要的。Tita 在以下三个方向上来协助企业形成 OKR 文化氛围。

挑战文化：创建有挑战性的目标，每个人都与企业整体愿景息息相关

制定一个正确的 OKR 是 OKR 文化的基础。如果员工对自己制定的 OKR 持怀疑态度，不确定这样制定是否合理，那么他就无法加入关于 OKR 的讨论。为了给大家更多的制定正确的 OKR 的建议，Tita 在创建 OKR 的位置添加了智能监测，当员工输入 O 与 KR 内容时，系统会给出几条在制定 O 和 KR 时需要注意的事项来帮助员工对输入内容进行检查。

一个正确的 OKR 除了对 OKR 本身来说是可衡量的，还应该聚焦核心，对齐企业当下的 OKR。Tita 用目标地图来为大家呈现这种对齐关系，所有员工都能轻松地通过目标地图看见自己的 OKR 对企业 OKR 的支撑，每个人都与企业整体愿景息息

相关，这是大家甘愿融入企业 OKR 文化氛围中的非常重要的一点。

承诺文化：公开分享 OKR，这是一种使命必达的决心

有人说如果你真的非常想达成一个目标，但又担心自己坚持不了，那就将这个目标告诉你身边的人，这样他们就会成为你非常棒的实现目标的压力和动力。Tita 就是在用分享的方式帮助有目标的人增加使命必达的决心。

在 Tita 中分享自己的 OKR 到企业动态中，所有人都可以看到彼此的目标。当大家都这样做的时候，关于 OKR 的讨论盛会就开始了。好的 OKR 会被大家称赞和学习，当然也会产生不同的见解，有的人会收获非常棒的不同思考方向的建议从而调整自己的 OKR，有的人则会用自己对 OKR 的理解来为别人答疑解惑。这样一场 OKR 讨论盛会，会为企业营造更浓厚的 OKR 文化氛围，也会让想要实现目标的人更加坚持目标不妥协。

激励文化：好的激励措施是落地 OKR 最好的动力

OKR 管理的是挑战性事务，不是轻易就可达成的既定指标，所以在落地 OKR 的过程中，参与的人必然都是痛苦的，因为他

们需要不断创新不断尝试，才可能打破旧有的成绩，创造新的高度。Tita 帮助企业通过精神和物质上的激励来使企业 OKR 氛围变得积极向上，给予员工更多克服困难的动力。

相信大部分微信用户都是喜欢刷朋友圈的，尤其是自己发过动态后，朋友给自己点赞会让自己感到被关注。在 OKR 中也是一样的，努力挑战 OKR 的人，如果收到来自领导或者同事的点赞，也会很高兴。自己的付出是被看见和认可的，这种精神上的鼓励非常重要。除了精神上的鼓励，Tita 还支持为取得好成绩的 OKR 挑战者进行打赏，红包当然是最好的奖品了。

通过以上行动，企业可全方位营造健康、积极与活跃的 OKR 文化氛围。

姚琼工作室的建议

关于 OKR 软件

在与客户沟通的过程中，经常会有客户问我们：您有什么 OKR 软件推荐？

这个问题的背后，其实隐藏着这样的一个假设：

OKR 目标管理与 OKR 软件应该同时导入。

我们的建议是：最初导入 OKR 与使用软件时可以分步骤进行。原因有几点：

保持精力聚焦

任何一款软件，在开始使用的时候必定需要有一定的适应过程。当我们开始接触和使用 OKR 的时候，本来就要求大家转变原有的目标管理方式，如果再将其放到线上，就必然会带来更多的挑战。人员需要培训如何操作，实施推进人员需要考虑究竟选什么软件，还要应对操作不便、卡顿、表现的形式不令人满意等抱怨。这增加了导入的难度，会导致资源分散。导入初期，要将精力聚焦在如何保证 OKR 落地上。

本地化要求

OKR 只有本地化才具有生命力。我们在辅导企业导入 OKR 的时候，在遵循 OKR 管理基本原则的前提下，会根据企业具体业务和管理实际进行调整，以更好地适应企业现状。我们也鼓励 OKR 管理与企业过去的成熟管理体系和运作规则进行整合。导入 OKR 管理，不是推翻过去所有的管理方式，而是应在原有大树下植入新的基因。我们认为，只有融合，才具有生命力，才能保证 OKR 不成为昙花一现的事物。我们不是谷歌，我们不需要一板一眼按照谷歌所有的做法行事。

基于这种情况，可能每家企业的 OKR 管理都会有所不同。但是，外部的软件一般而言是标准化版本的（当然，也有非标 / 定制）。它们是基于软件公司对通用业务逻辑的理解制定的，与企业自身实际不完全一致是肯定的。我们一直认为，软件应该为业务服务，而不是业务需要适应软件。

所以，我们建议：当大家理解了 OKR 运作，对 OKR 如何与现有管理融合有了解决方案之后，再去考虑软件的选择，那样就会很好地解决不适应问题。

OKR 导入是否成功不在于是否使用 OKR 软件，而在于心态。但是，组织有许多充分的理由和需求，使用

OKR 软件可以将 OKR 实践提升到更高的水平。尤其是当 OKR 使用的人数增加到上百人时，组织将面临沟通、透明度、协作、执行等各方面的挑战，OKR 软件可以帮助组织更好地落地 OKR：

- 对于员工来说，OKR 软件可以让个人更好地了解组织、上级及他人的目标。
- 对于管理者来说，OKR 软件可以让其更轻松地查阅下级的工作重点与工作状况，也能看到团队目标是否能真正实现，当然，能够知道团队彼此的目标，更便于协同。
- 对于 OKR 实践推动者来说，OKR 软件最有价值。它能让我们轻松观察到对齐、协同、OKR 质量，它能让我们观察到员工的行为，比如互动、更新等，这些信息与数据可以为我们在后续优化迭代中提供丰富的洞察。

当你处在 OKR 软件的决策过程中时，有一些很好的问题可以帮助你进行判断：

1. 季度的 OKR 如何与长期战略联系起来，如何可视化“跨层级、跨时间”的联结？

2. OKR 的对齐是根据 O 对齐还是根据 KR 对齐？是严格的还是灵活的？能跨层级或跨团队对齐吗？

3. 如何判断究竟是承接还是协作关系？协作如何判断是否接受？如何显示这种依赖关系？

4. 是否要求严格到 KR 转化成任务 / 计划管理？这与我们的管理文化、业务 / 人才状况相适应吗？

5. 回顾节奏是标准的还是灵活的？是要每周更新还是月度更新？

6. 对话、评论、认可等如何要求？系统如何支持？

7. 信心指数是否会应用？在哪些场景进行应用？

8. 评分的规则如何？评分的目的是什么？

9. 假设 OKR 只停留在团队层面，但仍然需要将员工与 OKR 联系起来，如何处理？

10. 假设要采取项目 OKR，跨团队运作，系统如何支持这种灵活的方式？

11. 能否允许 OKR 自定义周期，自定义周期如何支持对齐？

12. OKR 系统是否要与绩效管理系统进行集成？

13. 现有组织内部的工作计划及检查工具 / 形式如何？能否将 OKR 工具与这些集成起来？

专用的 OKR 软件无法替代现有的管理实践，不能为了软件而牺牲我们的思考。不一定要将 OKR 与相应的软件同步引入，这可能会给您带来负担与失焦。但这并不意味着 OKR 软件没用，软件可以让 OKR 落地与执行更容易。它为你提供更丰富的见解，以不断改进你的 OKR 方法，所以制订好导入计划与配套软件实施计划非常重要。

尾声

实践建议

浏览了前面的案例，我们会意识到：推行OKR绝不仅仅是改变一下原有的目标结构或形式，而是一种管理方式的变革。如何能让OKR实现我们开始时的设想，如何让我们花费的时间真正有价值，如何让其融合到当下组织管理之中，如何能为我们商业的成功添加动力，这些对我们已经开始实践的组织，或者准备尝试的管理者而言，都是需要加强关注和深入思考的。

我们将OKR导入划分为四个阶段：做好准备、厘清困惑、融入当下、探索未来。接下来，我们围绕这四个阶段可能遇到的挑战或困惑，给予一些解读，供大家参考。

做好准备

如果我们打算让整个组织都转向 OKR，那么做好准备是非常必要的。它不是领导者的一个命令即可解决的，我们需要考虑人们是多么讨厌改变。尤其是对于我们这个已经有成熟的目标管理方法的组织，不管我们多么讨厌它，大家毕竟都已经习以为常了。

找到一个“必须 XX”的理由

可能你是因为你所关注的企业实施了 OKR，或对某个视频或者文章有所感触，所以觉得 OKR 应该对你的组织有益，从而打算引入 OKR。但是，如果你静下来，再做一些思考，可能对后续的实施会有更好的铺垫。

推荐你看看 OKR 相关书籍，无论是 OKR 倡导者约翰·杜尔的《这就是 OKR》，还是我们的《OKR 使用手册》《每个人的 OKR》，都能让你对 OKR 有个系统、立体的感知，这样你就可以很好地回答一个问题：为什么我要实施 OKR？

很多组织在导入 OKR 的时候，其领导者都会采用“内部信”的方式向员工做说明，来介绍 OKR 的价值和希望解决的问题。但是，对于发起者尤其是一号位来说，必须要思考清楚自己最想要什么。

导入 OKR 需要一个理由，而不是 OKR 的所有价值。这个理由，可能是组织长期存在的问题，也可能是基于未来所缺失的一些要素。比较常见的理由有：

- 转型与突破停留在讲话中，要让公司战略真正落地。
- 每个管理者都有自己的方法，要形成统一语言和管理模式。
- 部门各自为政，要统一和协作起来。
- 定目标时讨价还价，让管理者能接受挑战。

……

一个“必须 XX”的理由，可以让 OKR 在落地之处，将那个环节和原则加强，以确定应匹配什么样的落地方式。更重要的是，可以在别人告诉你“OKR 有多么无效”的时候，客观地判断，找到坚持的理由。

安排一个会议

管理者是落地过程中一个关键的群体。说服他们来接受非常重要，我们希望他们能 100% 参与到未来的变革中。试图让所有人都真正接受，这是一种妄想。但是，我们一定要发现哪些是铁杆支持者，要积极发挥他们的作用。我们也要注意反对者，反对者并不一定是有很多疑问的人，而往往是那些说风凉话者。你可能听到：“不就是换一张表吗？那么较真干什么！”如果你发现组织中反对者非常多，那么你就要考虑：组织真正的问题是什么？

至于如何说服他们，你可以尝试安排一次会议，讨论下面的问题：

1. 大家认为我们未来 3 个月首要的问题是什么？

可以让每个人拿出一张纸，写下自己认为的最重要的事项。注意，不要写成收入或利润，那样每个组织就都一样了。然后，让每个人谈谈为什么自己认为这个事项是最重要的。如果发现大多数人说同样的话，那你就非常幸运了！

但是，我们常常会发现，每个人对优先事项的看法有很大的不同。而这正好为 OKR 的推出做了铺垫。OKR 正可以解决统一和聚焦的问题。

2. 过去是什么导致了业绩不佳？

如果业绩不佳，很难让大家接受或承认，我们可以换一个说法："什么导致我们没有做到更好？"让团队真正直面我们存在的问题。我们要专注倾听，而非追责。我们要深入，多问几个为什么，找到更深层次的原因。同时，我们还要思考"为什么我们没有采取解决方案"。

坦诚面对，可以让我们不回避，让我们理解 OKR 的必要性。

3. 请每个人想一想自己的目标，未来一个月最重要的事是什么。

职场中每个人都被日常任务、惯性和指标训练得忙忙碌碌。让我们静下心来思考未来一个月最重要的事，与我们工作日常相对比，看看我们究竟花了多长时间在这上面。同时，我们看看这些目标，是最终的结果 / 指标还是实现结果 / 指标的重要过程，是专业本身还是面向外部业务、以客户价值为主的。好的 OKR，能让我们找到真正有价值的目标。

会议之后，我们再安排团队成员学习一些关于 OKR 的材料，或者安排外部教练进行一次培训 / 分享。让大家能理解它到底有什么不同。

预测可能的变化

任何组织在尝试 OKR 时，都希望为组织带来一些变化。根据我们的经验，结合 OKR 特征，主要的期望是以下几点：

1. 聚焦：明确工作重点，让大家将精力和资源真正集中到最重要的事上。
2. 对齐：让个人工作与组织关联起来，让组织重点真正落到行动上。
3. 协同：让部门之间实现横向拉通，关注组织目标而非部门本身。
4. 沟通：让相关联者可以知晓关键信息，并推动进行更深入的对话。
5. 价值：推动从任务转向效果，从内部转向外部业务与客户。
6. 自主：定期跟踪数据与进度，并能不断迭代决策和计划。
7. 敬业度：激活员工的责任感，使其能不断挑战创新。
8. 快速学习：将复盘与迭代落到实处，不断学习改进。

虽然每个组织都希望能将以上效果都带到组织中，但这应该是一个比较远的目标，不是一下就可以实现的。这样的变化需要时间，而且变化绝不是线性过程。我们先明确我们希望的和预测可能的，然后定期进行评价，评价的结果并不是所有预测都达成为好，更重要的是我们要看到我们所关注的是否发生变化。变化，既为我们提供信心，也为我们提供后续改进的方向。

选择合适的试点

试点的选择，与期望试点想要达到的目的是相关的。在实践中，有几种选择方式：

1. 纵向，选择管理层作为试点

选择管理层作为试点，目的在于促使管理层掌握 OKR 思维方式与 OKR 相关技能（其中，关键的是 OKR 目标设定）。管理层掌握了思维方式和推行方法，才能再深入扩大到员工层，使管理者具备“教练”的知识。否则，不仅耗费大量资源，而且很容易产生管理者与员工对 OKR 认知的差异，会“走偏路”。

在选择管理层做试点的时候，特别要关注“战略落地”。部门 OKR 如何与公司目标对齐？如何横向拉通、协作？如何聚焦重点？这既是企业在战略执行中最大的难题，也是很多企业选择 OKR 的初衷。

当然，你在实践中一定会发现，有的部门执行得好，有的不尽如人意。这不是 OKR 的问题，这与一些管理者自身的认识尤其是重视程度有关。可能，这些管理者依然沉浸在任务本身，喜欢做可以去做的各项任务，这就是其本身的工作惯性。

2. 横向，选择某个部门 / 团队或项目作为试点

选择部门 / 团队或项目作为试点，目的在于：反馈实施问题 / 挑战并找到解决方案，探索 OKR 实施路径，起着示范作用。OKR 很难用客观的数据来证明通用价值，因为实际业务成果与多方面因素相关，无法单独区别出 OKR 的价值影响。如果用某个部门 / 团队作为试点，我们能近距离地观察到一些变化。比如与历史相比或者与类似部门比较，也可看到团队组织氛围和员工状态的变化。人们更愿意相信其所看见的。

选择部门作为试点，推进部门特别要关注：定期跟进在运行中出现的问题，找到“本地化”的解决方案，但尤其要注意的是要保持对 OKR 实施基本规则的坚守。试点的经验总结和成果展示，对扩大实施有重要意义。可以选择哪些部门呢？

- 业务性质：需充分发挥员工主动性、业务结果难以预测的部门，比如营销部门、研发部门等。
- 管理者意识：管理者愿意尝试，管理者风格比较 nice（和善）、开放。

在实践中，也有一些企业选择从重点项目来导入 OKR。因为有些项目需要不断探索，没有成熟路径，无法通过 KPI 来管理；更重要的是，如何更快、更好地实现项目目标，也是组织面临的难题。

选择项目作为试点，推进部门特别要关注：横向如何拉通？资源如何协调？我们一般选择对公司意义重大、路径不明确的项目，在实践中往往会选择公司战略级项目、创新项目、管理变革项目。

不管选择哪个，都要注意一开始涉及的人不要太多，太多就会给我们带来很大难度。

成立 OKR 项目组

OKR 导入是一次变革，需要成立专门 OKR 项目组或者指定专门人员来推动这个变革。一般，建议可以从总裁办、人力资源部门、战略管理部门、运营管理部门、项目管理部门中指定一个来负责。

除了制订 OKR 导入计划、组织相关培训、推动 OKR 制定与管理、进行文化氛围建设外，还应关注以下事项：

1. 制定 OKR 管理指引，帮助参与者更容易地制定和管理

OKR。

2. 组织推动 OKR 软件或 OKR 管理平台上线，以实现公开透明和操作便捷。
3. 组织探讨确定 OKR 在组织中的定位与作用，设计 OKR 管理办法。
4. 研究组织不同目标管理方式的整合，以让参与者不至于困惑。
5. 梳理日常管理会议、表格等，将 OKR 集成到现有管理系统之中。
6. 探讨 OKR 在不同部门、不同岗位中的具体应用场景和目标选择方式。
7. 定期跟踪、评估 OKR 实施状况，并推动不断迭代。

这个项目组可能需要花费半年到一年时间，当 OKR 运行相对成熟稳定后，再将相关职责纳入某个岗位中。

建立内部教练

OKR 不是简单地写成 O 和 KR，不是换汤不换药。重要的是要调整自己的工作思考习惯，要专注过程，抓住重点，要从任务导向转向效果导向，这需要不断的调适和训练。甚至，需要调整的还包括我们跟踪的方法，要使其更加有效；我们的回顾和复盘，要与快速和持续的学习集成起来。

我们需要在组织中建立内部教练。这种内部教练一般会从HRBP或OD（组织发展）中选择，当然也可以选择组织后备干部梯队成员。但是，千万要注意，我们不能选择部门的文员或助理来担当这个角色。内部教练需要有一定的热情，相信和认同OKR理念；要有良好的沟通能力和影响力；对业务有一定理解，有较强的系统思维和逻辑思维。

我们对OKR教练做了以下角色界定：

使命：推动OKR成为组织的共同语言，使之本地化成为组织基因

角色：

- 知识官：介绍OKR方法，解决OKR困惑
- 教练员：检查OKR规范性，通过提问引导进行OKR设计
- 引导师：主持OKR会议，策略性促进产生有价值的沟通
- 跟进者：确保OKR定期更新，阶段性回顾
- 宣传员：传播OKR理念与文化典范，使员工接受、践行OKR原则与价值观

厘清困惑

当我们开始 OKR 尝试时，我们可能会遇到经常让我们纠结的困惑。这些困惑不解决，可能会影响我们的使用。

OKR 到底与 KPI 有什么区别?

关于 OKR 与 KPI 之间关系的解读文章有很多，但是我们发现，即使看了这些文章，也会不由自主地将 OKR 写成 KPI。

如果从表现形式上来观察，我们很容易发现：KPI 直接或者变化一种写法，就会形成 O。而每一个 KR 其实就是“完整版的 KPI”。OKR 与 KPI 好像没有什么区别。

但其实，在制定目标的时候，两者还是有很大不同的：

第一，来源不同。KPI 虽然是关键绩效指标，但是在实践应用过程中我们背后都带有“考核”的思维。考核的一个着重点在于全面，所以到了部门、岗位，我们很容易发现我们的 KPI 来自部门、岗位职责，相同部门、岗位的 KPI 在不同组织可能都很类似，固定性比较强。而 OKR 要求聚焦，找到当期最重要的事，让我们聚焦精力和资源。所以，每个公司、部门、员工的 OKR 每个阶段肯定不会完全相同，不同组织的 OKR 一定不相同。KPI 强调全面，而 OKR 强调重点，要求抓主要矛盾和矛盾的主要方面，找到工作的突破口。当然，我们的 OKR 一定会基于 KPI，选择实现 KPI 的关键着力点，但不等于 KPI，需要超越 KPI。

第二，结果选择不同。由于考核的压力,KPI 要求 100% 完成，不完成会有惩罚。所以我们在确定 KPI 结果时，要么讨价还价，要么选择一定可以完成的，这样就会趋于保守。但是为了应对上级的压力，我们通常会与过去进行比较，承诺在实际业绩的基础上改进多少。OKR 要求评分不与考核直接挂钩，这在一定程度上切断了考核的压力。所以，我们选择结果的时候，应该以“最想要的”为目标，而非 KPI 的“最可能”。最想要的结果，应该基于 O、基于竞争对手和用户来确定。

回到组织和部门,OKR 完成得好一定能推动 KPI 完成得更好。如果相反，那么我们需要反思我们的 O 选择是否准确。

OKR 与绩效管理有什么关系?

创新绩效管理是全球人力资源管理发展的新趋势，是对过去传统的绩效管理的反思与迭代，强调在绩效管理中要与员工进行持续的沟通与反馈。通用电气、IBM（国际商业机器公司)、Adobe、微软等全球领先企业纷纷对传统绩效管理方式进行变革，转向创新绩效管理，姚琼老师及工作室也持续关注与研究这个趋势，并在国内推广，我们提出了 OKR 敏捷绩效管理这一创新型理念与模型，具体内容可以参考《OKR 敏捷绩效管理你学得会》这本书。

OKR 敏捷绩效管理与传统绩效管理最大的区别，是切断了目标与考核评价的线性关系。它不是单纯根据目标完成度来评价员工，而是通过强化过程反馈，从而让员工聚焦在绩效实现与绩效提升上。评价与激励是后置的、开放的，不是静态和封闭的。OKR 强调即时目标，强调过程中的沟通与反馈，让组织聚焦在正确的事上。

OKR 管理解决了如何设立阶段性目标与对话 / 反馈，但并没有为评价与激励提供成熟和标准的解决方案。这就给我们提出了挑战，与我们传统上已形成的管理假设相冲突。所以，基于这样的担忧，当下很多组织采取 KPI 与 OKR 并行的方式在运行，保留原有的考核假设不变，或者利用 OKR 进行评价局部调整。OKR 仅仅作为一种目标管理方式，强化过程管理。

但是，随着 OKR 实践的展开，持续沟通与公开透明会提升我们在评价员工时的能力与信心，其他组织的实践探索会为我们提供前行指引，OKR 管理之下的考核与激励方式问题自然会得到更有效、更令人信服的解决。

是否所有的员工都要有 OKR？

虽然 OKR 适用于所有的组织，但并不代表 OKR 要部署到每个人。是否部署，还是要有性价比的考虑。一般而言，OKR 不适合过于强调标准化的工作岗位和重复性的任务型工作岗位。标准化的工作岗位，它的工作路径与工作结果明确，相对保持不变，没有必要专门去制定目标。任务型的工作岗位，其目标往往来自他人的临时要求，具体化、场景化特性很强，提前制定阶段目标没有必要。当然，劳务型员工肯定也是不适合的。

在全球 OKR 实践中，有些组织发现设定个人 OKR 很难，而且花时间确定了 OKR 所带来的性价比不高，甚至可能对团队聚焦产生相反作用。所以，一些组织并不要求所有员工都制定 OKR。比如，我们知晓的敏捷开发，用 OKR 确定迭代目标，然后根据 OKR 分解任务，每个员工分别承担对应任务。

围绕团队 OKR 进行个人任务承接，也可以是一种选择方式。这种方式可以降低 OKR 落地中对员工技能与思维的要求，同时也能达到我们所要的对齐、聚焦的效果。但需要注意的是，如何在这个过程中发挥员工的自驱力。比如，用团队共创的方式来确定团队目标，让员工参与其中。鼓励员工提出自驱型的 OKR，但不强求。任务的规划与承接可以给员工一定自由，而非完全摊派。

上级的 KR 是否是下级的 O？

上级的 KR 变成下级的 O，非常符合级联的规则。级联，就是在组织的目标体系中建立级别之间的联系。通俗来讲就是按照层级将组织目标分解到员工。这是一种最基础、最容易理解的方式，但我们需要脱离“机械的分解”思维。OKR 希望员工能够自驱，能从意义和方向上实现对齐。

字节跳动在其 OKR 培训材料中，对下级 O 的来源做了以下两个案例予以说明：

O：大幅优化产品体验，新客户数量增长 30%

KR1：加速产品反馈收集和迭代速度，每月核心体验优化点达到 5 个以上

KR2：销售线索数量增加 50% 以上

KR3：新客户签约成功率达到 60% 以上

KR4：搭建有效销售团队，招聘 5 名金牌销售

产品负责人 O：

迅速加快产品反馈收集和迭代速度

销售负责人 O：

- 销售线索数量大幅增长
- 大幅度提高新客户签约成功率

人力资源负责人O：

- 快速招聘高效人才，补齐销售团队短板

字节跳动的经验：如果上级O或KR与下级职责对应，或上级在OKR中指定了责任人，则上级的O或者相关KR则可成为下级O。但注意不能直接将KR作为O，要理解后重新设定。如果上级KR需要多人协作才能完成，则下级可以从不同维度思考其可能贡献或必须承担的责任。

回到OKR本质，上级的OKR只不过为我们在确定目标时提供了一个参考背景，我们需要理解其到底关注什么，然后再结合自身职责、角色和能力，思考“我能为上级做什么贡献”，再提出自己的O。O是需要经过深入思考才能产生的，不是通过机械与僵化的分解得出来的。

如何对OKR进行评分？

首先，我们要明确一点，OKR分数与绩效考核的分数是两回事，不能直接将OKR分数用作绩效考核的依据。所以，是否要设定权重其实并不是那么重要。权重主要在评价中才发挥作用。如果要单纯地标识优先级，其实有很多种方法来解决，比如排序。第一个O是最重要的。对于O来说，每个KR都非常重要。

OKR 评分，通用的规则是：在 0~1.0 区间对 KR 进行评分，然后使用 KR 平均分来计算得出 O 的分数。那 KR 该如何评分呢？

举个例子：KR 为“实现收入 100 万元”。如果最终收入为 70 万元，可以直接根据完成进度得出 KR 为 0.7 分；当然，也有可能为 0 分。前者为客观，与目标直接比较；后者为主观，与期望进行比较。在实践中，两种方式都可以，但必须事前形成统一的规则。

我们要时刻提醒自己，评分并不重要，重要的是要通过评分进行复盘、反思和学习。

融入当下

我们也许会听到“OKR 增加了负担”的抱怨，因为除了传统管理外，我们还需要专门开展 OKR 相关活动。同时，在刚开始尝试 OKR 的时候，有专门的跟踪，有领导的关注，我们可能会实施得很好，但如何保持呢？

只有与当下组织管理融合在一起，真正集成起来，OKR 才能实现持续落地。在融合中，有以下几点非常关键。

第一，如何持续？

我们基于中国组织管理现状，提出了 OKR 三会［共识会、洋葱会（定期回顾会）、复盘会]，通过 OKR 三会来进行落地。如果在现有会议体制下，再增加三个会议，那管理的负担就增加了，也很难持续下去。我们建议，要重新梳理现有的会议体制，将 OKR 三会与现有会议整合在一起。比如，我们用 OKR 会议来代替组织月度经营会议。4 月初，组织 OKR 共识会（Q1OKR 复盘会与 Q2OKR 共识会可同时进行，提高效率）；5 月初，组织 4 月 OKR 月度回顾会；6 月初，组织 5 月 OKR 月度回顾会。7 月初组织 Q2 季度复盘会。只有将 OKR 三会形成管理惯例，OKR 才能真正落地。

第二，如何有效协作？

目标的对齐，是一种最高的协作。我们通过 OKR 共识会的方式，拉通部门目标，解决我们常常出现的部门冲突、不同步的问题。有些组织使用 OKR 软件系统，通过 @ 的功能来提出协作要求，但会产生两个问题：

1. @ 他人后，他人是否会真的接受并承诺？
2. 被 @ 很多，该如何处理？

对于第一个问题，我们建议系统的 @ 不能替代线下的沟通。我们要分清 @ 究竟是告知功能还是要求功能，如果是要求并需付出额外努力，必须进行线下沟通并达成一致。同时，我们还需要关注对方的进度，不能等到最后一刻才知晓结果，而造成自己目标不能完成。一定要时刻记住：自己的目标自己做主，外部的资源也属于自身管辖的范畴。

对于第二个问题，我们要有一定的规则进行判断。OKR 本身就是用来判断优先级的，如果发现接受的 @ 过多，从而导致资源不足而无法满足，必须要上升到更高层，给予自己帮助。记住一点：并不是所有任务都是最优先的，一定是对完成组织目标有重大影响的才是最优先的。

第三，是否要上专门的 IT 信息系统？

实施 OKR，必须要上专门的 IT 信息系统。如果只通过表格来进行管理，目标动态调整、信息彼此交互、知识有效利用等都很难发挥作用，没有人愿意费力再找出表格。OKR 的信息化，会让整个 OKR 管理更加高效。

上了 IT 信息系统后，还要做线下看板吗？其实，还是有必要的。线下 OKR 看板，可以时刻提示我们，对我们的责任和承诺有更好的作用。

第四，每个部门的 OKR 制定方式都一样吗？

在实施 OKR 过程中，我们发现研发、销售、职能部门的 OKR 有很大的不同。我们不能使用一套方法来指引所有的部门。记住，OKR 是拿来使用的，而不是用来编写目标的。对绩效更有效的指引和提升，才是最重要的。例如，研发更强调成果与创新，而销售更强调过程。

一般而言，结果清晰的（如销售），要关注实现结果的过程；过程明确的（如研发），要关注过程带来的效果。日常事务过多的（如职能部门），要关注效率提升和工作改进；日常事务少的（如项目），要关注阶段性工作重点。OKR 教练或 OKR 推进人员，要与部门共同探讨一种“更有效”的目标确定方式。

第五，实施 OKR 后，其他有关目标的管理该如何处理？

旭辉集团的 OKR 实践为我们提供了一种很好的参考。在实施 OKR 后，我们要逐步梳理现行有关目标的工具、方法，找到与 OKR 之间的关联。简化、整合是我们前进的方向。整合得越深，越能落地。

探索未来

OKR 实施是一个持续改进的过程，我们从管理工具开始，逐步通过工具所涉及规则的坚守，形成工作方法论和思维方式。当这种习惯强大起来，变成组织共同的范式后，就会展示出独特的企业文化。

但文化的形成不是一朝一夕的，需要对组织进行系统的变革。威廉·爱德华兹·戴明（William Edwards Deming）声称，组织系统绩效 95% 的变化是由系统本身引起的，而只有 5% 的原因是

图尾-1　OKR 阶段价值评估

人员造成的。如果这是真的，那么改变组织最有效的方法就是改变系统。

组织是一个复杂的系统，由许多相互关联的元素组成：愿景和战略，价值观与规范，结构和流程，薪酬和激励，等等。这些元素共同塑造并反映出企业文化。它们对组织的成功有重大影响。

当你将组织视为一个复杂的、有生命的系统，是一个不断发展的有机体，而不是机械运行的机器，可能会有所帮助。使用机器，你可以简单地替换零件，但是对于有机体，每个零件都会影响其他零件。这意味着尽管目标是组织生态系统的重要组成部分，但目标并不孤立。

相反，我们应将目标视为任何组织系统的基石，因为目标是组织存在的理由。目标影响我们的决策、我们的组织结构、我们的报酬等等一切！因此，所有组织元素及其转换都与我们管理目标的方式有关。我们不能单独改变这些元素。

对于未来，我们要根据 OKR 对相关元素的影响分析，逐步调试，找到更好的组织元素，系统地提升效率，更有效地推动组织取得成功。

比如，我们可以探索：

1. 战略如何变得更敏捷?
2. 是否要调整更新规范?
3. 是否有更灵活的组织形式?
4. 我们需要的领导力究竟是怎样的?
5. 原有惯例的投入与产出合适吗?
6. 员工的角色是否可以变动、多元?
7. 新方式下的激励怎样才更有效?

这一系列的问题，都是我们未来可能碰到的，也是需要我们共同去探索的!

OKR 的流行，不仅仅是谷歌的使用，更是时代的选择。数字时代下，我们的组织与管理该如何运行，对于我们所有人来说，是一个需要共同面对、共同创造的主题。

后记

本书的出版一波三折。第一次写案例书，也没有经验。感谢中信出版社商业社的领导沈家乐和黄维益、策划编辑郝玉敏、责任编辑刘培培，一直支持我们。正是因此，OKR 在中国如此多优秀企业的实践经验，才得以呈现出来。

每一次写完案例，又被推倒重来时，要感谢工作室研发团队小伙伴一直以来的坚持和支持。尤其感谢工作室联合创始人大韩老师，他稳扎稳打的风格居然和我的风风火火的个性能完美配合，而且我们很少见面，基本都处于远程办公状态；还有全国各地的 OKR 教练团队，我们也不见面，永远在线，看来工作室全靠 OKR 进行远程管理是成功的。

这次出版的 OKR 案例书，是工作室在中国推广 OKR 5 年来的一个工作成果展示，更说明了中国企业的优秀，它们不仅仅追求商业上的成功，也非常关注公司的管理创新和人才的发展。感谢它们为中国企业管理探索与分享做出贡献，以下感谢不分前后。

谢谢蔚来汽车一次又一次接待我们的访谈；感谢爱奇艺毫无保留的分享；感谢旭辉集团，长期的合作让我看到这家房地产公司对工作极致的追求；感谢百胜软件总经理飞哥，你是公司OKR 最佳赋能者；谢谢雷鸟科技 HR，你们对 OKR 的推广方式总让我耳目一新；谢谢天然工坊，走进长沙办公室，仿佛进入了OKR 天地；感谢觅健，一次课堂的相遇，OKR 就让我们紧紧连接在一起；我一次又一次往亦庄跑，感谢京东 OKR 教练和敏捷教练何留留敢于对 OKR 进行创新组合；也谢谢 Tita 团队，OKR 绝对需要软件系统进行透明化与社交化分享；最后感谢多年合作伙伴高维学堂，你们不仅自己用，还推荐给你们的企业学员用，也是 OKR 优秀的布道者。

OKR 在中国的实践走过了第一个五年，让我们继续第二个五年的探索吧！

赋能中国企业成功落地 OKR，推动商业与管理的双丰收！这就是我们团队未来五年的目标，一起加油吧！